한국의 근대 놀이문화

한국의 근대 놀이문화

서종원

식민지 시기는 문화사적으로 볼 때 다양한 문화가 혼재하던 시기이며, 또한 여느 시기보다 문화적 변화와 충돌이 격렬했던 시기이기도 하다. 식민지 시기 아동들의 놀이문화 역시 이러한 흐름과 그 맥을 같이 하고 있었다. 필자가 현지 조사한 울산 방어진 지역의 놀이문화가 당시 전국적으로 볼 수 있었던 보편적인 내용인지에 대해서는 단정할 수 없다. 다만 이 시기를 다루고 있는 여러 가지 자료 등을 검토한 바에 따르면 다른 지역의 양상도 크게 다르지 않다는 사실을 확인할 수 있었다. 방어진 지역은 특히 식민지 시기 일본인 이민 부락이었다는 점에서 놀이문화의 교류 양상 역시 다른 지역보다 활발하게 진행되었음을 알 수 있다. 이런 점에서 식민지 시기의 놀이문화의 지속과 변화 양상 등을 살펴볼 수 있다는 점에서 매우 중

이 무렵 학교에서는 운동회와 소풍 등의 행사가 있었다. 운동회는 가을철에 했는데, 학생들만의 잔치가 아닌 마을 주민 모두가 참여하는 마을 축제였다. 마을에서 얼마 떨어져 있지 않은 일산해수욕장이나 대왕암으로 봄·가을에 소풍을 갔다. 아동들에게 운동회와 소풍은 특별한 의미를 지녔다. 이날이면 평소에 먹어보지 못한 음식을 먹을 수 있었기 때문이다. 이런 탓에 많은 아동들이 이날을 손꼽아 기다렸다. 일 년에 한 번 정도 학예회가 개최되었다. 당시 일본인과 국내인과의 교류는 그리 빈번하지 않았다. 특히 아동을 둔 가정에서는 일본인들과의 접촉 및 교류에 있어 비교적 부정적이었다. 어른들의 입장에서는 일본인과 부딪히는 일을 사전에 방지하기 위한 측면도 무시할 수 없었다. 빈번한 경우는 아니지만 일본인과 내지인이 다투거

특정 시기에 특정 문화가 변화하는 데에는 여러 가지 이유가 있을 수 있다. 그렇지만 무엇보다 눈여겨봐야 하는 부분은 바로 당시의 시대적 분위기이다. 근대에 오면서 문화가 변화한 연유도 이 시기의 시대적 분위기와 관련이 있다. 그렇지만 이 시기는 성격이 다른 개화기와 일제강점기라는 두 시기가 맞물려 있기 때문에 두 시기를 명확히 구분해 살펴봐야 한다. 간략하게 정리하면 개화기는

어느 지역을 막론하고 봄철은 날씨가 따뜻해지다 보니 야외 활동이 많아지는 계절이다. 따라서 봄철의 놀이 가운데는 실내보다는 실외에서 즐길 수 있는 것들이 많은데, 의정부 지역도 이런 양상은 마찬가지다. 실제로 다양한 자료를 검토하는 과정에서 의정부 지역에서 행하던 봄철의 놀이는 다양하며, 실내보다는 야외에서 즐길 수 있는 것들이 겨울철에 비해 증가했음 확인할 수 있었다. 봄철이면 많은 사람들은 야외로 구경을 간다. 야외에 피어있는 꽃도 구경하고 도시락을 싸들

채륜
CHAE RYUN

머리말

민속학이라는 학문을 접하면서 지금까지 고민하고 있는 내용 중에 하나가 바로 연구시기에 대한 것이다. 우리가 흔히 이야기하는 전통문화가 과연 언제부터 생겨난 것이며, 그러한 개념을 어떻게 정하는 것이 바람직한지 이해하기 어려웠다. 근래 현대민속학 혹은 도시민속학이 생겨나면서 이러한 개념문제가 논란의 대상이 되긴 했으나 아직까지 명확한 답을 주지 못하고 있는 게 사실이다.

한동안 서해안 지역의 조기어업에 관심을 가졌던 연구자가 근대의 놀이문화에 관심을 갖게 된 연유는 이와 같은 맥락 때문이다. 10여 년 넘게 민속학을 접하면서 잘 알지 못했던 새로운 시기의 다양한 문화변화를 살피면서 이 시기 연구에 집중하게 된 것이다. 몸담았던 소속 연구팀의 주제와 결부된 것이긴 하나 막연하게 전통의 것이라 생각했던 문화들의 등장 시기가 그리 오래되지 않았음을 확인하면서 한동안 혼란을 겪었다. 어린 시절에 접했던 고무줄놀이, 구슬치기, 장난감 등이 등장한 시기가 그리 오래되지 않았다는 사실은 개인적으로 충격에 가까웠다. 『한국의 근대 놀이문화』는 이러한 고민을 토대로 5년 동안 연구해온 내용물을 종합·정리한 것이다. 책을 엮는 과정에서 미비한 부분은 새로운 자료를 찾아 보완하였다. 이 책을 발간하기 전까지 필자가 발표한 놀이문화 성과를 소개하면 다음과 같다.

1) 「줄다리기 성격의 지속과 변화–특히 근대시기를 중심으로」, 『실천민속학』 17, 실천민속학회, 2011.
2) 「근대시기 방어진 아동들의 삶과 놀이문화」, 『울산방어진 사람들의 삶과 문화』, 채륜, 2011.
3) 「근대시기 서구식 완구에 대한 단상」, 『근대에 의식주와 민속놀이를 통해 본 조선의 근대』, 채륜, 2012.
4) 「식민지 시기 아동놀이의 실체와 특징-울산방어진 사례를 중심으로-」, 『실천민속학』 19, 실천민속학회, 2012.
5) 「근대적 사고를 통해 본 일생의례의 지속과 변용」, 『일생의례로 보는 근대 한국인의 삶』, 채륜, 2013.
6) 「일제강점기 가투대회를 통해 본 가투놀이의 등장 배경-신문자료를 중심으로-」, 『어문론집』 54, 중앙어문학회, 2013.
7) 「근대에 새롭게 등장한 실내유희 연구」, 『동남어문학』 37, 동남어문학회, 2014.
8) 「의정부의 놀이문화」, 『의정부시사』 4권, 의정부시사편찬위원회, 2014.

이러한 작업을 진행하면서 이들 성과를 체계적으로 정리할 필요성을 느꼈다. 다소 부족한 부분이 있긴 하나 관련 연구가 많지 않은 현실에서 추후 활발한 논의를 위해 이 책을 기획한 것이다.

근대의 놀이문화는 현대를 살고 있는 우리에게 많은 것을 시사해 준다. 개인적으로 우리의 전통문화 중에는 그리 오래되지 않은 것들이 적지 않음을 많은 이들이 알았으면 한다. 더불어 민속학 연구자들이 본 연구를 통해 연구대상을 확장시켰으면 좋겠다. 지나치게 많은 연구자들이 특정 분야에 집중된 현상은 그리 바람직한 것이 아니며, 학문의 발전에도 도움 될 게 없기 때문이다.

한동안 놀이문화에 전념하면서 순수한 관점에서 문화를 보아 왔던 내 자신이 창피하였다. 심신의 피로를 풀고, 즐거움을 만끽하기 위해 놀이를 행한 게 아니라 다른 측면에서 이들 놀이문화가 근대에 행해졌다는 사실이 놀라웠다. 순진한 아동들을 개조시키기 위한 목적도 있었으며, 식민 사관을 주입시키기 위해 놀이문화가 이용된 것이다. 이들 내용은 당연히 일제강점기에 있었던 일이지만, 오늘날에도 정치적 목적으로 놀이문화가 사용되는 예를 종종 볼 수 있다는 점에서 많은 걸 느끼게 해준다. 놀이문화의 여러 가지 속성 중에서 이 부분을 눈여겨보았으면 좋겠다. 그리고 여기에서 인용하는 자료들 대부분이 근대의 잡지와 신문기사인 관계로 읽는 과정에 다소 이해하기 어려운 부분이 자주 등장할 것이다. 최대한 이해할 수 있도록 수정을 했으니, 학술적으로 인용할 경우엔 반드시 원문을 참고했으면 한다.

5년 동안 근대라는 새로운 세계를 여행하면서 많은 걸 얻을 수 있었다. 학문의 영역도 넓혔으며, 대중화라는 단어에도 관심을 갖게 되었다. 더 없이 좋은 기회였던 셈이다. 반면, 고민거리도 많아졌다. 앞으로 어떤 분야에 관심을 가져야 하는가가 대표적인 고민이다. 어쩌면 서둘러 『한국의 근대 놀이문화』를 발간한 연유는 이러한 문제와 관련이 있다. 소재에 대한 고민도 그렇고, 또 다른 연구 과제를 찾아

보고자 기존의 성과를 정리한 것이다. 매력적인 분야는 분명한데, 어떤 부분을 더 연구해야 하는지 쉽게 떠오르지 않는다. 서울을 비롯한 도시민들의 근대 여가문화라는 연구주제에 도전해 보고 싶은 충동이 가끔씩 솟구치고 있어, 다양한 자료를 수집하고 있을 뿐이다. 자신은 없지만 천천히 준비해보고 싶다.

쉽지 않은 삶을 살아가면서 많은 이들에게 도움을 받았다. 정신적인 것도 그렇고 물질적인 도움을 받지 못 했다면 여러 모로 힘이 들었을 것이 분명하다. 곁에서 항상 힘이 되어주는 아내와 지칠 줄 모르는 체력을 지닌 사랑스런 아들을 비롯해 많은 분들에게 미안함과 함께 고마움을 표한다. 무엇보다 작년 겨울에 세상을 떠난 장인어른께 이러한 마음이 전해졌으면 좋겠다. 끝으로 '채륜'의 사장님과 관계자분들에게도 감사함을 전한다.

차례

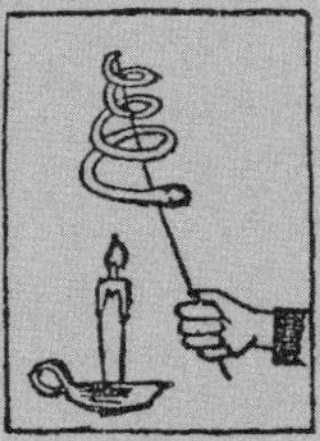

1장
근대 문화의 전개양상

1. 근대의 시대적 특징

한국 사회에서 근대,[1] 특히 근대의 시점에 대한 논의는 끊임없이 진행되고 있다. 또한 근대가 시작된 시점은 보는 이에 따라 다양한 견해를 보인다. 조선후기 실학이 대두되기 시작한 무렵을 근대의 출발점으로 보는가 하면, '강화도조약(1876)' 이후로 보는 연구자도 있으며, '갑오경장(1894)' 이후로 보기도 한다. '합일합방(1910)' 이후를 근대가 시작된 시점으로 보는 이도 있다. 이런 내용을 종합해 보면 근대에는 개화기와 일제강점기가 포함돼 있음을 알 수 있다.

우리가 흔히 이야기하는 '근대'라는 용어에는 여러 가지 의미가 내포되어 있다. 서양에서의 근대화는 자유·평등·박애를 기치로 내건 프랑스혁명의 이념이 선포된 후를 말하고 있는데, 이는 산업과 기계의 가차 없는 전진이라는 자본주의의 사회·경제 변화가 야기한 충격의 산물이었다. 마샬버만은 근대화를 다음과 같이 표현하고 있다.

> 근대화는 현대생활의 소용돌이를 가속화한 여러 가지 요인, 우주에 대한 인간의 이미지 변화, 자연과의 위대한 발견, 과학지식에 의한 새로운 환경의 창조, 폭발적인 인구증가, 급속한 도시의 발전, 역동적 매스컴 체계, 관료적이고 강한 강력한 국가, 거대한 사회운동, 자본주의 세계시장에 의한 근본적인 변화로 20세기의 소용돌이를 가능

1 근대는 서양에서 생겨난 용어이다. 따라서 동양에서 이야기하는 근대의 개념은 서양과 많은 차이를 보인다. 동·서양이 걸어온 역사의 발자취가 다른 탓도 있지만, 근대를 바라보는 관점이 서로 다르기 때문이다. 그렇지만 동·서양에서 생각하는 근대는 '평민들의 성장', 특히 평민들이 중심이 되는 시기라는 점은 서로 의견을 같이 한다.

케 하고, 그러한 상태를 영원히 유지하는 사회과정을 근대화라 부르고 있다.[2]

근대로의 이행 과정에서 일상을 살아갔던 개개인들은 동양적 전통으로부터 서구적(또는 일본을 통한) 근대로의 편입이라는 엄청난 충격을 경험했다. 그렇다고 해서 후자의 압도적 영향력과 충격 앞에서 형해화形骸化됐다거나 또는 완전히 소멸된 것으로 볼 수만은 없다. 전통과 근대로 대표되는 양자는 어떤 방식으로든 상호 작용을 통한 서로의 변용을 거치면서 한국적 근대를 형성해 왔기 때문이다.[3]

근대라는 용어는 시기를 구분하는 개념의 하나로 전통이 무너지고 생겨난 이후의 시기를 말하기도 한다. 근대 이전에는 임금과 제후「신하」를 중심으로 국가를 통치하였다면, 근대 이후에는 평민「시민」들의 힘이 강해져 그들의 목소리에 귀를 기울였다. 크게 주목받지 못했던 평민들이 정치는 물론 다양한 방면에서 보다 자유롭게 활동을 한 시기이기도 하다.

역사적으로 볼 때 근대는 이전과 달리 여러 면에서 많은 변화가 있었다. 평생 머리를 자르지 않고 갓을 쓰면서 살았던 양반들은 이 시기에 머리를 자르고 갓을 벗어야 했으며, 서당에서 훈장님으로부터 한자를 배우던 학생들은 학교의 선생님에게 산수와 음악, 미술 등을 배우게 되었다. 근대 이전에는 볼 수 없었던 다양한 풍경도 이 무렵에 생겨났는데, 당시를 살았던 사람들은 처음엔 그러한 변화를 쉽게 받아들이지 못하였다. 물론 새로운 풍경만 생겨난 것은 아니다. 그

2 김경일, 『한국의 근대와 근대성』, 백산서당, 2003, 69~70쪽.

3 김경일, 위의 책, 25~26쪽.

이전부터 행해오던 풍경이 사라지거나 간소해지기도 하였다.

근대로 오면서 다양한 변화를 겪게 된 이유는 여러 측면에서 살펴볼 수 있지만, 그 중에서도 이 시기에 유입된 서구의 사상과 제도 등을 간과해서는 안 된다. 외부에 문을 열지 않았던 근대 이전과 달리 엄청난 양의 서구문물이 유입되면서 다양한 분야에서의 변화도 불가피하였다. 변화의 강도 역시 그 이전시기에는 볼 수 없을 정도로 매우 강하였다. 그리고 이 시기 이러한 변화는 오늘날 우리네 삶 전반에 영향을 미치고 있다. 그런 점에서 이 시기에 일어난 다양한 문화변화와 그에 따른 실체는 현 시점에서 반드시 주목할 필요가 있다.

2. 문화 변화에 영향을 준 몇 가지 요인

특정 시기에 특정 문화가 변화하는 데에는 여러 가지 이유가 있을 수 있다. 그 중에서도 반드시 눈여겨봐야 하는 부분이 있는데, 바로 당시의 시대적 분위기이다. 근대에 오면서 문화가 변화한 연유도 이 시기의 시대적 분위기와 관련이 있다. 그렇지만 이 시기는 성격이 다른 개화기와 일제강점기라는 두 시기가 맞물려 있기 때문에 두 시기를 명확히 구분해 살펴봐야 한다. 간략하게 정리하면 개화기는 서구의 사상과 제도가 유입된 시기이며, 일제강점기는 일본의 영향을 많이 받은 시기로 볼 수 있다. 따라서 이 시기는 두 시기의 양상이 상호 복합적으로 영향을 준 것으로 보아도 무리가 없다.

근대의 문화 변화에 영향을 준 요인은 다양하다. 여기에서는 이들 가운데 대표적인 요인 몇 가지를 소개하고자 한다.

근대 문화 변화에 영향 준 대표적인 요인은 근대적 사고(사상)이다.

근대에는 자발적이든 강제적이든 간에 다양한 근대적 사고가 지배하였다. 근대를 이야기하는 과정에서 근대적 사고를 언급하는 것은 문화 변화에 있어 당시의 사상과 제도 등의 영향을 많이 받은 것과 관련이 있기 때문이다. 보다 자세히 언급하겠지만 개인주의와 합리주의, 그리고 과학적 사고 등은 분명 이전 시기에는 크게 부각되지 않았다. 여기에 근대식 학교 교육의 시작과 서양의 사상과 제도가 유입되면서 우리네 문화전통은 끊임없이 지속과 변화 과정을 겪게 된다.

이 시기의 근대적 사고를 총체적인 관점에서 정리하기란 쉽지 않다. 다만 근대적 사고와 유사한 개념인 근대성이라는 용어를 통해 근대적 사고를 정리할 수는 있다. 여기에서 말하는 근대성은 자아의 확실성, 논리 중심주의, 합리성, 단일 체계의 확신, 수학적 정밀성, 인권, 개인주의 등으로 설명된다.[4] 전통시대에서 볼 수 없었던 각종 제도와 사상 등도 이 범주에 포함시킬 수 있다. 제도의 경우 이 시기에 등장한 태양력을 들 수 있는데, 태양력이 소개되면서 음력으로 지내던 제사가 줄어들었다는 것이 대표적인 예이다.[5] 사상의 경우에는 앞서 언급한 내용 이외에 이 시기 외부에서 소개된 서양의 종교가 있다.

근대적 사고의 개념과 범주는 논의가 더 필요한 부분이지만 문화의 지속과 변화양상을 살펴보기 위해서는 근대적 사고의 하나인 '합리화(혹은 합리성)'를 반드시 주목해야 한다. 합리화란 우리의 삶에 이성理性을 적극 활용하는 것을 말한다. 여기에서 이성의 활용은 다시 두 가지 측면에서 고민할 수 있다. 하나는 이성적 인식으로 주술적·

4 정대현, 「머리글」, 『근대성과 한국 문화의 정체성』, 철학과 현실사회, 1998.

5 宋鎭禹, 「陰曆祭祀를 陽曆으로」, 『별건곤』26, 1930. 2. 1, 78쪽.

신비적 측면으로부터 탈피하여 생활을 합리화하는 것을 말한다. 예를 들면 질병을 마귀나 원혼 등의 소행으로 단정하고, 기도나 굿을 하던 것에서 벗어나 과학적으로 접근하는 것이다. 다른 하나는 이성적 계산으로 최소의 노력(고통)으로 최대의 효과(쾌락, 행복)를 얻고자 하는 것을 말하는데, 이는 근대적 효율성의 관념이다. 그리고 근대적 효율성의 관념은 두 측면에서 사회를 근본적으로 변화시켰다. 전자는 과학 기술에 의해 뒷받침되는 상공업 중심의 사회를 초래한 것이요, 후자는 기존의 명분론적 사고방식을 비능률적인 것으로 단조하고 경쟁의 체제로 사회를 재편하는 것이다.[6]

이러한 관점에서 볼 때 근대 이전의 우리네 전통문화는 비합리적일 뿐만 아니라 개혁 혹은 개선해야 할 대상으로 인식되었다. 비교적 여러 분야에서 이를 확인할 수 있다. 흰옷을 입지 못하게 한 사례, 전통적으로 행해오던 풍습이 없어지고 새로운 풍습이 생겨난 사례 등이 이러한 사고의 영향이다. 일생의례 역시 이런 흐름과정에서 많은 변화가 있었다. 일생의례의 절차를 간소화하는 것이 대표적인 사례다. 또한 합리적 사고가 등장하면서 의례비용을 줄이고자 노력하였다. 이 시기에 자주 언급되었던 '허례의식虛禮儀式의 철폐'도 합리적인 사고의 영향이라 할 수 있다.

자주 언급된 또 다른 근대적 사고 중에 하나는 과학적 사고이다. 그리고 이 사고와 관련된 위생衛生 역시 반드시 주목해야 할 내용이다. 과학적 사고의 등장은 과학적 측면에서 우리의 전통문화를 분석하는 것이지만, 종교 현상으로 굳게 믿었던 내용이 과학적 사고로 인해 미신으로 여겨진 사례를 이 시기에 쉽게 확인할 수 있다. 출생의

6 이상익, 「한국 사상에 있어서의 근대성의 발흥」, 『한국사회와 모더니티』, 이학사, 2001, 12~13쪽.

례를 예로 들면, 아이를 갖기 위해 석장승의 코를 떼어 먹거나 신주를 먹는 행위는 근대 이전까지만 하더라도 절대적인 것이라 믿었지만, 과학적 사고가 등장하면서 그러한 행위들을 모두가 미신으로 판명되었다. 기독교와 천주교의 영향으로 전통적으로 행해오던 제사를 지낼 것인가 말 것인가를 논하는 내용도 이러한 흐름과 관련이 있다.

근대적 사고 중에서 주목해야 할 또 다른 내용은 개인주의와 자유주의다. 두 사상은 모두 서구에서 주창하던 평등사상과도 관련이 있다. 자유주의는 외부적인 구속 등에 얽매이지 않고 자기 마음대로 행동하는 것으로, 그 어떤 속박이나 강압에 구속되지 않아 몸과 마음이 자유로운 상태를 말한다. 이 사상은 특히 이 시기 혼례문화에 영향을 주었다. 이전의 전통 혼례에서는 찾아 볼 수 없었던 자유연애가 등장했다는 점이 대표적인 사례이다.

다음은 이 시기에 서구에서 들어온 각종 신식 문물이다. 근대에는 외부와의 교류가 활발하게 진행된 덕에 전에 볼 수 없었던 다양한 문물이 유입되었다. 오늘날 우리가 일상생활에서 볼 수 있는 상당수의 것들이 이 시기에 외부에서 들어왔다 해도 과언이 아닐 것이다.

근대에는 우리나라에서 볼 수 없었던 다양한 신식문물이 들어왔다. 전기와 전화기를 비롯한 새로운 형태의 생활도구는 비롯해 근대식 학교, 장난감, 빵, 양복 등이 모두 이 시기에 소개된 신식문물이다. 이러한 것들이 소개되면서 전통적으로 행해오던 우리네 생활방식이 바뀌게 된다. 서구식 빵이 소개되면서 우리네 음식문화에 변화가 있었으며, 양복이 소개되면서 조상들이 즐겨 입던 한복이 점차 사라지게 되었다.

마지막으로 일본의 영향을 무시할 수 없다. 특히 일제강점기에 이런 양상이 두드러진다. 실제로 우리나라를 지배하고 있던 일본은 우선 조선의 것, 즉 전통문화는 없어져야 하는 대상으로 인식하여, 우리의 것을 모조리 없애고 그들의 사상을 주입시키는 일에 몰두하였다. 마을 어귀에 자리하고 있는 서낭당을 부수고, 조상님이 물려준 성姓을 일본 성씨로 개명(창씨개명)하기도 하였다. 줄다리기와 석전 등의 대동놀이를 금지시켰는데, 여러 사람이 모여 항일운동을 할까 두려워 그런 놀이를 하지 못하도록 한 것이다. 이런 과정에서 우리네 전통문화 대부분이 사라지거나 다른 형태로 변화하였다.

물론 이러한 변화는 시대적 상황을 감안하여 이해할 필요가 있다.[7] 이 시기 일본은 정책적으로 문화 전반을 관여했는데, 1934년에 자기들의 입맛에 맞게 '의례준칙'을 뜯어 고친 것이 대표적인 사례이다. 이 준칙을 만든 조선총독부는 다음에서 보듯 전통적인 사례에 근거를 둔 의례준칙을 만들었다.

> 생활양식 중 각종 의례와 같은 것은 구태가 의연하여 오히려 개선할 여지가 적지 않다. 그중에서 혼장례 세 가지 형식 관례와 같은 것은 지나치게 繁文縟禮하여(중략) 엄숙하여야 할 의례도 종종 형식의 末節에 拘泥되어 그 정신을 망각하지 아니할까 우려될 정도에 이르렀다. 지금에 와서 이를 革正改革하지 않으면 민중의 소실을 예측할 수

7 한국의 근대는 식민지화와 더불어 시작됐다는 사실, 다른 말로 하자면 한국에서 근대화는 일제 식민지 경험을 매개로 도입되고 정착됐다는 사실은 근대와 근대성의 양상에서 한국사회의 독특한 성격과 지향을 부여했으며, 이는 이후 전개된 근대화과정에도 지속적인 영향력을 행사했다. 한국사회에서 일본을 통한 근대의 수용은 근대의 부정적 속성은 모두 일본이라는 변수로 귀속시켜 생각하는 경향을 낳았다(김경일, 앞의 책, 38~39쪽).

없을 뿐만 아니라 지방의 진흥과 국력의 신장을 저해하는 일이 실로 적지 않을 것이다.[8]

3. 문화 변화의 실상과 특징

앞서 언급한 바와 같이 근대에는 다양한 분야에서의 변화가 불가피하였다. 시대의 변화에 따라 생겨난 현상이긴 하나, 변화의 강도는 여느 시기보다 강하였다. 여기에서는 우리네 일상문화와 밀접하게 관련된 의식주 문화의 변화양상을 살피고, 이 내용과 앞서 소개한 자료 등을 종합하여 이 시기 문화 변화의 몇 가지 특징에 대해 소개하고자 한다.

1) 복식문화

이 시기 복식문화의 특징은 외부에서 새롭게 유입된 복식이 기존의 옷을 대체하는 양상으로 변했다는 것이다. 전통 복장인 한복을 대신하여 오늘날 볼 수 있는 서양식 의복이 대거 등장하는 것이 대표적인 사례다. 실제로 두루마기를 입고 생활하던 양반들이 양복을 입기 시작하였으며, 짚신 등의 전통 신발을 대신하여 고무신이나 구두가 등장하였다. 이 시기까지만 하더라도 한복을 즐겨 입는 풍습이 사라진 것은 아니지만, 서구의 다양한 복식이 소개되면서 한복을 입는 비중이 이전에 비해 줄어들었다. 이 과정에서 전통복식인 한복이 다양한 형태로 개량되었다. 남성복의 경우, 저고리 위에 덧입는 방한복의

8 박태호, 『장례의 역사』, 서해문집, 2006, 186~187쪽.

일종인 마고자가 유행했다. 여성복의 경우 저고리의 길이가 길어지고 소매통이 넓어졌으며 치마폭이 좁아지고 길이가 짧아졌다.

전통의 복식이 변화한 연유는 근대적 생활양식에 맞게 개편되어야 하는 시대적 요청에 부응하는 측면이 강했고 복식을 사용하는 자가 자발적으로 시대의 변화에 맞게 복식문화를 개량하였기 때문이다.

여성들의 복식문화도 많은 변화를 겪었다. 오늘날 여성들이 즐겨 입는 원피스가 등장하는 등의 근대 복식이 출현하였다. 그리고 계급이 사라지면서 신분에 상관없이 옷을 입을 수 있게 되었다. 근대복의 등장, 특히 양복이 소개되면서 양복에 맞는 안경과 모자, 각종 악세서리가 증가한다. 그리고 오늘날 여성들의 노동복인 '몸빼'도 이 무렵에 등장한다.

◇몸페進軍譜

八甫

◇몸페의誕生
—敎授와新聞記者對談—

(但 敎授가 新聞記者를 인터-뷰한다 =이지음의 新聞記者는 陣頭指揮的指導者의 資格이 充分히 있음으로써 敎授는 手帖을 꺼내어 一一이記錄한다)

敎授 近者에 길에서나 或은 家庭에서 비제 많이 볼수있는 그「몸페-」라는 것인 모양인데 그「몸페」란 大體, 언제부터 그렇게 旺盛히 策推된 것인가요。

記者 지금 先生님의 말슴가운데「策推」이라고 하셨는데 그것은「普及」이라든가「徹底」라든가 부르는것이 옳지 않을까요「몸페」라는것은 現下 敵空襲必至狀態에 있어서 防空態勢의 한 武裝으로서——그렇습니다、敵이떨어드리는 爆彈이나 燒夷彈 이것이 한個의 敵이라고 가정한다면 이것을 擊滅함에 必要한 물이라든가「히다다키」라든가 或은「바게쓰」와 함께 服裝、男子로치면 國民服、戰鬪帽、脚絆等、女子로치면 卽「몸페」는 무당할것없이 防空戰士의 武器요、武裝인것입니다。허니까 이 武裝이 一般化 된다는 것은 그實踐과 認識이 徹底히 普及되었다고함이 可할지언정「策推」이란語句는 適當치 않다고 생각합니다。

敎授 이거 처음부터 認識이 未及해서 未安하외다。그러면 그「몸페」가 男子의 戰鬪帽、國民服、脚絆과 同等한 目的意識에서 나온 形式이라면 何必 現在의「몸페」形式을 取해야 할 理由가 어데 있는가요。이點에 對해서…。

記者 여기에는 別다른 理由가 없습니다。先生님이 이미 아시다싶이 古今東西를 不問하고 男子와 女子의 服裝은 아래가 막힌 바지、卽 사내바지와 이와 反對로 아래를 막지않은 치마로써 性이 區別된것입니다……。

敎授 잠깐、中間에 말을 가로채는것같지만 저「스캇트랜드」의 兵丁은 아래가막히지않은「치마」를 입었으며 또한 中國女子服裝에는 아래를 막은바

한편 일본은 일제강점기에 백의(하얀 옷)을 착용하지 못하도록 하여 백의를 폐지하고 다양한 색상의 옷을 입도록 장려하였다. 일본이 하얀 옷을 입지 못하게 한 것은 조선을 부정하기 위한 측면이 강하였다. 그렇지만 세탁 비용을 아끼고자 한 연유도 결코 무시할 수 없다. 전통과 신식 복식이 공존하면서 두 가지가 결합된 패션이 유행하기도 하였다.

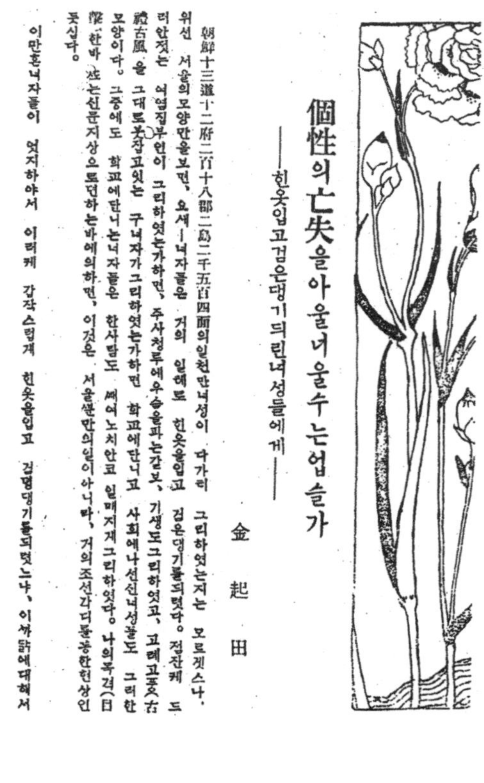

個性의亡失을아울너울수는업슬가

——흰옷입고검은댕기드린녀성들에게——

金起田

朝鮮十三道十二府二百十八郡二島二千五百四面의일천만녀성이 다가티 그리하엿는지는 모르겟스나. 위선 서울의모양만을보면, 요새ㅡ녀자들은 거의 일례로 흰옷을입고 검은댕기를드렷다。점잔케 드러안젓는 녀염집부인이 그리하엿는가하면, 주사청루에우슴을파는갈보, 기생도그리하엿고, 고례고풍(古禮古風)을 그대로붓잡고잇는 구녀자가그리하엿는가하면 학교에단니고 사회에나선신녀성들도 그러한 모양이다。그중에도 학교에단니는녀자들은 한사람도 빼여노치안코 일매지게그리하엿다。나의목격(目擊)한바 또는신문지상으로떠던하는바에의하면, 이것은 서울뿐만의일이아니라, 거의조선각디를통한현상인 뭇십다。

이만흔녀자들이 엇지하야서 이러케 갑작스럽게 흰옷을입고 검은댕기를드렷느냐, 이까닭에대해서

조선 십삼도 십 이부 이 백 십 부 이도 이천 오백 사면의 일천만 여성이 다 같이 그리하였는지는 모르겠으나 위선 서울의 모양만을 보면 요새 여자들은 거의 일례로 흰옷을

입고 검은 댕기를 다렸다. 점잖게 들어앉은 여염집부인이 그러한가 하면 주사 사청루에서 웃음을 파는 갈보, 기생도 그리하였고, 고례고품古禮古風을 그대로 붙잡고 있는 여자가 그리하였는가 하면, 학교에 다니고 사회에 나선 신여성들도 그러한 모야이다. 그중에도 학교에 다니는 여자들은 한사람도 때여 놓지 않고 일매지게 그리하였다. 나의 목격한바 또는 신문지상으로 전하는 바에 의하면 이것은 서울뿐만의 일이 아니라 거의 조선 각지를 통한 현상인 듯싶다. 이 많은 여자들이 어찌하여서 이렇게 갑작스레 흰옷을 입고 검정댕기를 달았느냐 이 까닭에 대해서는 누구나 다 아는 일로서 새삼스럽게 이야기하는 것이 싱거운 것이거니와 생각건대 여성 그네들로 보아서 없어서는 안 될 중요한 무엇이 문득 없어져 버리고 말게 된 그것을 조상하기 위함일 것이다. 그러타고하면 그와 같이 서서는 못될 것이 사실로 없어진 것을 슬퍼하여서 흰옷을 입고 또 흰 댕기를 드리는 그만한 충성스러운 여성이라면 나 역시 이 忠良한 여성들에게 대하여 한마디하고 싶은 말이 있다. 달은 말이 아니라 우리사람들이 사러가는 모양을 가만히 살펴보면 그 중에는 우리 스스로가 그때그때 새로 생각하고 새로 창작하야서 나가는 한편이 있는 동시에 그 전에 생각하고 그전에 만든 것을 그대로 인용하고 마는 한편이 있다. 이것을 훨씬 시간을 늘잡아가지고 보면 어느 때로 어느 기간까지는 그전에 한번 생각해놓고 만들어 놓은 그것만을 그대로 꽉 붙잡고만 있던 때가 있는 동시에 또 어떤 때는 그전부터 내려오던 생활규범의 일체를

아주 무너져버리고 새로 각설로 일체를 새로 排布하는때
가 있다.(이후 생략)[9]

2) 음식문화

근대에는 외부에서 전해 볼 수 없었던 새로운 음식도 많이 유입된다. 빵과 돈가스 등을 비롯해 각종 기호식품과 음료수 등이 이 시기에 소개된다. 근대를 살았던 사람들은 이들 음식을 처음 접하는 과정에서 웃지 못 할 일들이 생겨난다. 음식과 함께 조리법이 소개되기도 하였다.

근대 음식문화에서 볼 수 있는 특징 중에 하나는 음식의 위생과 영양에 대한 관심이 증가했다는 점이다. 음식을 어떻게 보관해야 하는가가 위생에 관한 것이라면 음식이 어떠한 영양성분을 지니고 있는지는 후자에 해당한다. 음식의 영양에 대한 관심이 높아지면서 이 시기에는 몸에 좋은 것과 그렇지 않은 것이 보다 명확해졌다.

외부에서 새로운 음식이 소개되면서 기존에 볼 수 없었던 여러 형태의 기호식품이 등장한다. 오늘날 즐겨 마시는 커피의 경우도 이 시기에 널리 소개된다. 이런 양상은 당시의 사람들의 삶에 많은 변화를 가져다주었다.

음식문화를 살펴보는 과정에서 눈여겨봐야 하는 내용이 바로 전쟁과 식량문제이다. 신문에는 이러한 내용을 담은 기사가 자주 등장한다. 대륙 침략을 꿈꾸던 일본은 전쟁 준비를 위해 많은 식량, 즉 쌀이 필요하였다. 생산되는 쌀의 양이 한정되어 있고, 생산한 쌀 대부분이

---

9 金起田, 「개성의 망실을 아울러 너울 수는 업슬까 -힌옷 입고 검은댕기 드린 녀성들에게-」, 『신여성』4권6호, 1926. 6.

군량미로 사용하면서 쌀이 매우 부족하였던 것이다. 이 문제를 타개하기 위해 일본은 쌀을 절약하는 다양한 방법을 제시하였는데, 그 대안의 하나로 여러 가지를 섞어 먹는 혼식문화가 널리 보급되었다. 고구마와 감자 등의 각종 구황작물도 대거 등장하였다.

여성들의 경제활동 참여가 증가하면서 음식을 판매하는 '공동식당'이 근대에 등장한다. 본래 식사라는 것은 집안에서 먹는 게 일반적이었으나 경제활동에 참여하는 여성들이 늘어나고 가정문화가 변화하면서 음식을 파는 공동식당이 등장하게 된 것이다.

이 시기 음식문화 변화에서 주목해야 하는 내용은 전에 볼 수 없었던 서양의 다양한 요리가 소개되었다는 점이다. 오늘날 우리가 즐겨 먹는 서양 음식 대부분이 이 무렵에 유입되었다 해도 과언이 아닐 것이다.

> 인간은 먹기 위하여 사느냐 살기 위하여 먹느냐 하는 말의 공리적 해석은 잠간 두고라도 좌우간 먹는 것이 그 얼마나 중대한 가는 더 말할 것이 없습니다. 高貴貧賤의 계급을 막론하고 어떤 가정이나 매일 주방에서 많은 비용과 정력과 시간을 허비하지 않는 가정은 없을 줄 압니다. 우리 생활 상태를 생각할 때 중류이 하는 수입의 거반은 또는 수입의 다가 먹기 위하여 허비되고 맙니다. 소비경제 중 제일 다수를 점령하고 있는 우리 생명유지 하는데 필요한 식물을 요리할 때 늘 고식적으로 한 가지 모양으로만 먹을 수 있을까 더구나 인지人智가 진보됨을 따라 우리는 새것을 좋아하며 같은 재료에 여러 가지 기교를 가해서 우리복잡화한미각을 만족시키려는 것은 당연한 일이라고 볼

수 있습니다. 음식을 영양을 위해서 먹는 것은 물론이지만 오락이 하나라는 것도 잊지 마십시오.

때는 여름입니다. 학교에서 돌아오는 자녀들은 들어오면서 물을 찾고 종일 사물에 부대끼다 돌아오는 남편은 공복을 호소할 것입니다. 이런 비상시에 명석하고 민활敏活한 주부의 따뜻한 수완을 발휘할 것입니다. 각종의 식용품을 볼 때는 어떻게 요리하면 진미요. 맛있는 요리를 만들어 가족을 만족시킬까하는 생각을 늘 갖고 있으면 이러 저리 각국의 요리 각종의 요리를 연구하고 응용할 것입니다. 이러한 두뇌를 가진 주부의 가정은 단란할 것이요. 가족의 영양도 좋게 건전한 몸으로 활동할 수 있을 것이요. 일부러 찾아주는 친구에게도 따뜻한 정으로 만족시킬 수 있습니다.

그러면 요사이 우리 가정에서 만들어 먹기 좋은 것 몇 가지를 소개하겠습니다. 귀찮다 생각 마시고 만들어 보십시오. 우리 조선 사람은 너무 같은 것만 하기에 좀 색다른 것을 쓰겠습니다.

가. 도마도와 닭고기로 만든 밥

나. 오이와 게로 만든 샐러드

다. 후르쯔 펀치

라. 홍차

마. 딸기에다 크림으로 모양 좋게 합니다.[10]

---

10 송옥선, 「여름철에 적당한 서양요리」, 『朝光』 2권7호, 1936. 7. 1.

3) 주거문화

근대 주거문화의 특징 중에 하나는 전통의 주택을 현대식으로 바꿔나가는 경우가 많았다는 점이다. 전통의 재래 가옥의 단점을 보완하여 좀 더 편리하게 주택을 사용하고자 한 것이다. 특히 편리함과 동시에 위생에 대한 관심이 높아지면서 이 두 가지를 동시에 충족시킬 수 있는 방향으로 주택문화가 변화한다. 그 중에서 안방과 부엌 개량에 당시를 살았던 많은 이들이 관심을 가졌는데, 안방보다는 부엌을 현대화 내지 개량하자는 논의가 활발하게 이루어졌다. 또한 오늘날에 볼 수 있듯이 부엌과 거실이 별도의 공간이 아닌 하나의 공간에 놓이기 시작하였다. 전통시기에 있어서의 부엌은 방과 별도의 공간에 있었으나, 근대에 오면서 집 안으로 들어오기 시작한 것이다. 또한 주거에 대한 인식이 크게 바뀐 점도 주목해야 한다. 단순히 잠을 자거나 거처하는 공간이 아니라 주택 자체에 대한 위생이나 건강에 대해서도 신경을 썼다. 다음 내용은 이를 잘 보여준다.

> 주택이란 것은 바람과 비를 막고 추위와 더위를 막기 위하야 생기기 시작한 것입니다. 그러나 인문이 개화됨에 따라서 그 원칙原則 우에 위생과 편리를 중요하게 생각하지 않으면 안 되게 되였으니 병들어 몸을 망치게 되면 풍우를 막아 무슨 소용이며 한서를 가릴 필요는 어데 있겠습니까. 그런데 조선의 재래의 주택은 대단히 우생에 해롭고 대단히 편리치 못하게 되었습니다. 첫 째 사람이 거처하는 처소에 햇빛이 잘 들고 공기유통이 되어야 하는데 조선 집안의 안방 건넛방은 대개 우중충하고 창문이 적어서 이 두 가지가 잘 되지 못합니다. 안방의 한편도 마루에

가리여 있고 건넛방 한편도 마루에 가리여 있고 건넛방 한편도 마루가 가리여 있는데다가 겨울에 치울 것이 겁이 나서 들창을 되도록은 조금만 내이니 사람에게 제일 유익한 햇볕이 많이 들어올 재조가 없으며 공기가 밤낮으로 묵은 것이 있을 뿐이지 항상 신선한 공기가 방속에 있을 수 없습니다. 이것은 물고기가 썩은 물속에 살고 있는 셈입니다. 생각해 보십시오, 좁고 천정이 얕은 방에 햇볕도 잘 안 들고 케케묵은 집속에서 방속에 치마외투 세수수건 등을 너저분하게 걸어놓고 그 속에서 전 가족이 와글와글하고 있게 되니 생각만 하여도 얼마나 너저분하고 깨끗하지 못한 생활인가. 게다가 어린 아이가 똥오줌을 싸고 어른이 요강 타구를 들어놓고 담배연기를 피우고 있고 숨이 탁 막힐 지경이 아닙니까. 그리고 사람이 거처하는 방은 첫째 햇볕과 공기를 잘 받게 하고 그 다음에는 방 속을 너저분하게 하지 말아야 합니다. 고물상점처럼 재봉틀이 거기 놓이고 반짇고리가 있고 화로가 놓이고 다듬잇돌이 있고 요강 재떨이 퇴침들이 흩어져 있고 벽에는 별별 의복이 정신없게 걸려 있어서 도모지 사람의 머리가 가든해지지를 아니합니다. 의복류 등은 금방 입을 것이라도 장속이나 궤 속에 그러지 않으면 한 구석을 따로 정하여 걸어두어 거처하는 방안은 늘 네모반듯하고 말쑥하게 하여야 그 안에 거처하는 사람이 성질이 가지런하고 늘 머리가 깨끗해 질것입니다. 외국사람 중에는 "조선은 지붕하나 끈끈한 것이 없고 굴뚝 심지어 장독 항아리에 이르기까지 모다 구부정하게 되어서 어려서부터 구부정한 것만

보고 자란 까닭으로 성질이 꿋꿋하지 않고 구부정한 것이 많다고" 한 사람이 있습니다. 이 말이 꼭 옳은 말이라고는 못하더라도 우리로는 스스로 생각할 문제자 아니겠습니까.(이하 생략)[11]

의식주라는 한정된 분야만을 대상으로 살펴본 것이긴 하나 근대의 문화 변화 양상은 크게 세 가지 정도로 정리할 수 있을 듯하다.

첫째, 근대 이전부터 전해져 오던 우리의 전통문화가 이 시기에 사라지거나 다른 양상으로 변화되었다.

우리의 전통문화가 근대에 소멸된 연유는 복합적이겠지만 각종 신식문물이 소개되는 과정에서 자연스레 전통의 생활방식이 새로운 방식으로 변화되었기 때문이다. 상여에 운구를 운반하던 풍속이 차량이 등장하면서 차로 운반했다는 내용이 후자에 해당된다.[12] 이런 양상은 서구에서 들어온 과학적 사고와 합리적 사고의 영향과도 일정 부분 관련이 있다. 이들 사고가 유입되면서 우리네 전통의 생활방식은 비과학적이거나 비합리적인 것으로 치부되어 낡은 것으로 인식되었다. 결혼을 하고도 아이를 갖지 못한 여자가 삼신바위를 찾아 아이를 낳게 해달라고 기도를 하던 우리네 전통의 풍습이 근대에 오면서 미신 내지 비과학적으로 여겨 점차 소멸된 것이 대표적인 사례이다. 돌아가신 조상님께 여러 가지 음식을 준비하여 제사상을 차려놓은 전통문화 역시 낡은 것 혹은 비합리적인 것으로 여겨 점차 다양한 형

11 방정환, 「가정개몽편-살님사리대검토」, 『신여성』 5권3호, 1913. 3, 56~71쪽.

12 그렇지만 이러한 것들이 절대적으로 근대적 사고의 영향이라 단정할 수는 없다. 보다 다양한 측면에서의 고민이 필요하다. 근대시기에 외부에서 다양한 문물과 제도 등이 소개되면서 자연스레 이러한 양상으로 변화되었을 가능성도 있기 때문이다.

태로 바뀌거나 소멸되었다.

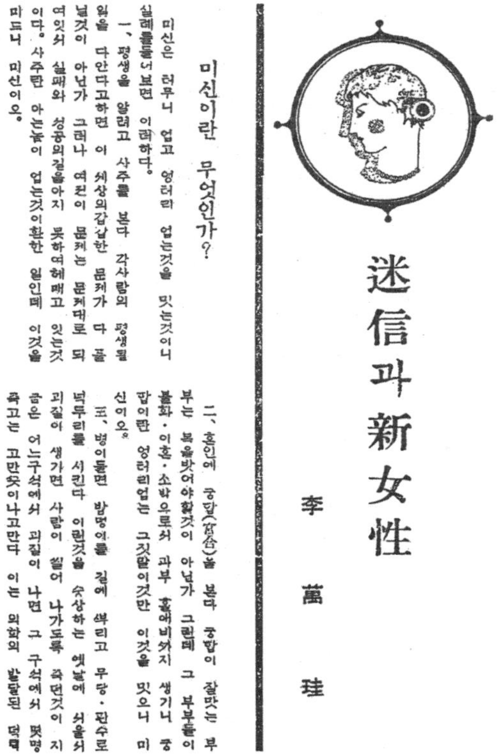
迷信과 新女性

李萬珪

미신이란 무엇인가?

미신은 터무니 업고 영터리 업는것을 밋는것이니 실례를들어보면 이러하다。

一、평생을 알려고 사주를 본다 각사람의 평생될 일을 다안다고하면 이 셰상의갑갑한 문제가 다 풀닐것이 아닌가 그러나 여킨이 문제는 문제대로 되여잇서 실패와 성공의길을아지 못하여헤매고 잇는것이다。사주란 아는놈이 업는것이확한 일인데 이것을 미드니 미신이오。

二、혼인에 궁답(宮合)을 본다 궁합이 잘맛는 부부는 복을밧어야할것이 아닌가 그런데 그 부부들이 불화·이혼·소박으로서 과부 홀애비까지 생기니 궁합이란 엉터리업는 그짓말이것만 이것을 밋으니 미신이오。

三、병이들면 밤명이를 길에 색리고 무당·판수로 덕두리를 시킨다 이런것을 숫상하는 엣날에 서울서 괴질이 생가면 사람이 싫어 나가도록 죽던것이 지금은 어느구석에서 괴질이 나면 그 구석에서 몃명 죽고는 고만숫이나고만다 이는 의학의 발달된 덕택

또한 생활환경이 변화면서 더 이상 그러한 문화가 필요 없어졌다는 측면도 무시할 수 없다. 농경을 기반으로 행해졌던 성인식인 '꽁밥' 풍속이 이 시기에 오면서 사라진 것이 여기에 해당된다.

> 꽁밥은 공밥公食이라는 말의 잘못으로 농경을 중심으로 한 전통사회 농촌에서 행하던 성인식이다. 즉 꽁밥을 먹는

다는 것은 어린 농부가 성년이 된 것을 축하하는 잔치이다. 꽁밥 의식을 치루고 나면 어린농부는 실농부實農夫(어른농부)가 되는 것을 의미한다. 꽁밥 의식은 선배 농부와 손님이 참여하여 주로 음력 칠월 백중 무렵에 행하는데, 의식은 마을의 수령이 진행한다. 수령이 "아무개가 오늘부터 꽁밥을 먹게 되었소"라 외치고 그 사람의 약력 등을 소개하면, 모인 사람들로부터 공식적으로 성인으로 인정을 받는 것이다. 그런 역사를 지닌 이 의례는 백중날이 약화되고 산업화가 진행되면서 자취를 감추었다.[13]

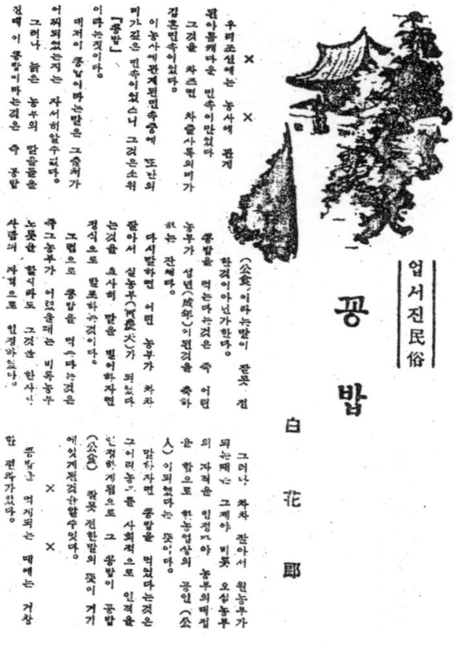
업서진民俗

꽁밥

白花郞

× ×

우리조선에는 농사에 관계된아름다운 민속이만었다 그것을 차즈면 차끌사독의떼가 김혼민속이었다。

이농사에관계된민속중에 또만의 떼가짚은 민속이었스니 그것은소위 「꽁밥」이라는것이다。

대저이 꽁밥이라는말은 그출처가 어찌되었는지는 자서히알수없다。

그러나 늙은 농부의 말을들은진때 이 꽁밥이라는것은 즉 공밥(公食)이라는말이 잘못 전한것이아닌가한다。

꽁밥을 먹는다는것은 즉 어린 농부가 성년(成年)이된것을 축하하는 잔채다。

다시말하면 어린 농부가 차차 잘아서 실농부(實農夫)가 되었다는것을 요사히 말을 빌어하자면 정식으로 발표하는것이다。

그럼으로 꽁밥을 먹는다는것은 즉그농부가 어렸을때는 비록농부노릇을 할지라도 그것을 한사나 사람의 자격으로 인정하였다。

그러나 차차 잘아서 원농부가 되는때는 그제야 비롯 오십농부의 자격을 인정지야 농부의떼접을 함으로 한농업상의 공인(公人)이되었다는 뜻이다。

말하자면 꽁밥을 먹었다는것은 그어린농부를 사회적으로 인격을 인정하게됨으로 그 꽁밥이 공밥(公食) 잘못 전한말의 뜻이 거기에있게된것을알수있다。

× ×

꽁밥을 먹게되는 때에는 거창한 편채가있다。

13 이 의례에 대한 자세한 내용은 白花郞, 「업서진 民俗-꽁밥」, 『朝光』2권 7호, 1936. 7. 1., 203~207쪽 참조.

둘째, 전에 볼 수 없었던 새로운 문화가 등장하였다.

이런 양상은 비교적 여러 분야에서 확인할 수 있다. 앞서 소개한 몸빼, 기차와 전차, 공동식당, 신혼여행 등이 여기에 해당된다. 음식의 경우는 더욱 두드러진다. 문호가 개방되면서 빵이나 돈가스 등의 서양음식이 대거 소개된다. 처음 접한 조선인들을 위해 당시의 신문과 잡지에는 이들 음식 먹는 방법이 소개되기도 하였다. 잡지 『여성』에 실린 「洋食 먹는 法, 빵먹는 법」[14]에 이러한 내용이 실려 있다. 여기에 실린 내용을 간략하게 정리하면 다음과 같다.

> 스프와 함께 빵을 먹을 때의 방법, 다른 사람과 함께 식사 자리에서 음식으로 빵이 나올 때의 취하는 올바른 식사 예절, 그리고 빵을 손으로 떼어 먹을 때의 방법 등에 대해 언급하고 있다. 또한 빵에 버터를 발라먹을 때의 방법, 엷게 구운 토스트 먹는 방법 등 여러 종류의 빵을 먹을 때 방법을 소개하고 있다. 그리고 아침·점심시간에 맞는 빵의 종류와 빵과 함께 할 수 있는 음료 등도 언급하고 있다.

셋째, 전통의 문화와 새로운 문화가 충돌하는 과정에서 전통문화의 성격이 변화되거나 새로운 형태의 문화가 생겨났다.

두 문화의 충돌 과정에서 성격이 변화된 놀이문화에는 줄다리기가 있다. 정확하게 말하면 기능이 변화된 것이다.

---

14 「洋食 먹는 法, 빵먹는 법」, 『여성』4권5호, 1939. 5. 1.

2장
근대 놀이문화의 특징과 범주

1. 놀이문화의 특징

근대의 놀이문화 역시 근대라는 시대적 양상과 맥을 같이 한다. 하지만 이 시기의 놀이문화는 오늘날 우리가 생각하는 것과 많은 차이를 보인다. 가령 야구와 축구처럼 스포츠에 해당되는 내용도 놀이로 인식하였다. 따라서 이 시기 놀이문화를 단정하여 정리할 수는 없다. 그럼에도 불구하고 이 시기의 놀이는 이전 시기와 다른 몇 가지 특징을 보이는데, 여기에서는 그런 내용을 중심으로 이 시기 놀이문화의 전반적인 전개양상과 특징에 대해 소개하고자 한다.

앞서 소개한 바대로 근대는 개화기에서 일제강점기가 걸쳐 있다. 다양한 분야에서의 변화가 불가피한 시기이기도 하다. 외부에서 다양한 신식문물이 들어왔으며, 일본에게 나라를 빼앗겼던 시기인 만큼 그 변화의 강도는 여느 시기보다 강했다. 실제로 이러한 양상은 비교적 다양한 분야에서 확인할 수 있다. 정치, 경제, 문화 할 것 없이 모든 분야에서 이전에 비해 변화의 강도가 확연하게 달랐다. 그리고 이러한 변화 과정에서 본래 있었던 것이 소멸되고, 외부에서 유입된 새로운 것이 기존의 것을 밀어내고 그 자리를 차지하기도 하였다. 물론 이러한 변화 양상은 그리 간단치 않다. 단순히 두 개의 것이 충돌하여 하나가 없어지고 하나가 살아남는 양상이 아니라, 자세히 들여다보면 매우 복잡함을 알 수 있다.

근대의 놀이문화 역시 이러한 양상과 크게 다르지 않다. 시기적으로 어느 시점에 오면서 이런 변화가 시작되었는지 알 수 없지만, 중요한 것은 이 기간 동안의 변화는 오늘날까지 지대한 영향을 주고 있다. 오늘날까지 전해오는 놀이문화 중에는 이 시기에 새롭게 소개된 것이 있는 반면, 이전부터 있었던 것이 이 시기에 오면서 변화하여, 지금까지 이어져 오는 경우도 있다.

『冠婚喪祭儀式에는 果實菓子만使用』

飮食中毒豫防에全力하는

平北道當局의制限

이 시기의 놀이문화는 먹고 사는 문제처럼 크게 주목을 받지 못하였다. 그렇지만 서구의 문물이 도입되고, 외부의 침입으로 어려운 시절을 살았던 이들에게 놀이문화는 우리가 생각하는 것보다 더 큰 의미를 지니고 있을 수 있다. 막연하게 무엇이라 단정할 수 없지만 먹고 사는 문제가 어느 정도 해결된 현재와 그렇지 않았던 근대는 분명 차이가 있을 것으로 사료되기 때문이다. 근대의 놀이문화를 이해하기 위해서는 아마도 이 점을 무시해서는 안 될 것이다.

앞서 언급했듯이 근대는 개화기와 일제강점기가 맞물려 있는 시기이다. 그런 점에서 두 시기의 놀이문화는 시기적 특징만큼이나 또 다른 특징을 보인다. 자료의 성격에 따라 약간의 차이는 있겠지만 개화기는 서구의 놀이문화가 많이 유입된 시기로 정리할 수 있다. 물론 서구의 놀이문화는 일제강점기에도 지속적으로 유입된다. 특히 근대식 학교와 여러 형태의 청년단체들에 의해 다양한 놀이문화가 소개된다.

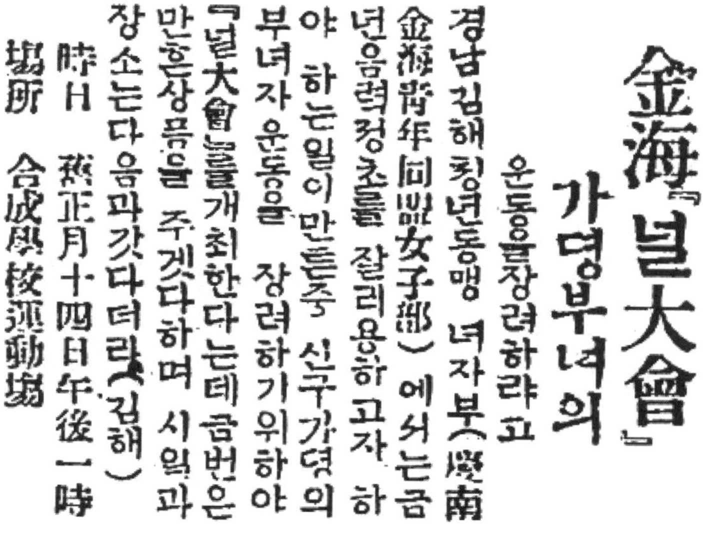
金海「널大會」
가뎡부녀의
운동을장려하랴고

경남김해청년동맹 녀자부(慶南金海靑年同盟女子部)에서는금년음력정초를 잘리용하고자 하야 하는일이만튼중 신구가뎡의 부녀자운동을 장려하기위하야 「널大會」를개최한다는데금번은 만흔상품을 주겟다하며 시일과 장소는다음과갓다더라(김해)

時日 陰正月十四日午後一時
場所 合成學校運動場

이에 비해 일제강점기에는 새로운 놀이문화가 소개되기도 하지만, 학교 등을 통해 일본인들이 즐겨하던 놀이문화가 널리 퍼지기도 하였다. 일제강점기에 오면서 억압이 따르기도 했는데, 대표적인 것이 바로 줄다리기와 석전과 같은 대동놀이다. 이 시기 일본인들은 이들 놀이를 못하게 하거나 경찰을 배치하여 놀이를 통제하였다. 이런 사실은 당시의 신문 기사를 통해 자세하게 엿볼 수 있다.

> 지난 십오일 밤 이십 시경 부산 초량 정신도로에서 영주정 초량정 사람 삼천 여 명이 모이어 줄다리기를 하려할

즈음에 천오륙명이 출장하여 금지하고 해산시키고 저지하였으나 돌이어 출장한 경관을 구타까지 하였음으로 다시 본서로 통치하야 정사복경관 사십 여명을 출동시켜 대합동을 한 결과 동야 십이 시경에 우군 중을 해산시켰으며 골목에서 주선하고 있던 주동자 십 여 명을 검속하야 본서에 인치하는 등 일시는 대혼잡을 일으켰다 한다.[1]

근대 놀이문화의 또 다른 특징은 우리네 민속놀이 가운데 소멸되거나 혹은 새로운 형태로 변화된 놀이가 생겨났다는 점이다. 특히 일제강점기는 일제의 탄압으로 상당수의 민속놀이가 중단된 경우가 많았다. 단체놀이인 석전, 줄다리기를 비롯해 탈춤 등이 대표적인 놀이다. 『조광朝光』 3권 4호(1937. 4)에는 이 시기에 없어진 민속이 몇 개가 소개되었는데, 공자제국孔子帝國노리, 풍쟁쌈豊爭, 장치기가 그것이다. 공자제국놀이는 유생들이 가을철이나 겨울철에 놀던 놀이로 오늘날의 석전대제와 유사하다. 근대에 오면서 사라진 놀이는 이들 이외에 몇 가지가 더 있었던 것으로 보인다.

근대 이전부터 행해져오던 놀이들 상당수는 이 시기에 오면서 본연의 성격이 약화된다. 놀이를 행했던 목적이나 기능이 이전과 다른 형태로 변화되었다. 비교적 여러 놀이에서 확인할 수 있는데, 줄다리기와 석전 등이 그러한 놀이에 해당된다. 근대에 놀이의 성격이 변화된 데에는 여러 가지 이유가 있다. 종교성이 짙은 놀이들이 서구적 사고의 유입으로 미신으로 치부되거나 농업을 바탕으로 행하던 놀이들이 생업 환경의 변화 과정에서 더 이상 그러한 기능을 할 수 없었

1 『동아일보』, 1930. 2. 19.

기 때문이다. 줄다리기에서 이기면 풍년이 든다고 믿는 사람들의 수가 점차 줄어들었다는 점이 전자에 해당된다. 후자의 경우는 농업을 기반으로 하던 '풍쟁쌈'이 없어진 것에서 확인할 수 있다.

또한 명맥을 유지해오던 놀이들 역시 기존과는 다른 모습으로 변화였다. 우리네 전통의 놀이가 교육적으로 활용되었는데, 문답놀이가 대표적이다. 초창기 이화학당에서는 쉬는 시간을 지루하게 보내지 않기 위해 유희 교육이 중요하다고 해서 문답놀이와 군명외기 등을 선택하여 가르쳤다.[2] 그리고 일제강점기에 오면서 전통의 놀이가 무대화되거나 보다 큰 규모로 진행되었다.[3]

반면 서구에서 들어온 스포츠의 영향으로 전통적으로 행해오던 놀이에 일정한 규율이 생겨나기도 하였다. 본래 넓은 공터에서 특별한 룰이 없이 아이들이 즐겨하던 장치기가 이 시기에 오면서 일정한 룰도 생겨나고, 경기장이 생겨나 그 안에서 즐길 수 있는 형태로 변화하였다. 물론 이러한 변화는 개별놀이에 따라 다양한 양상으로 나타난다.

근대 놀이문화의 여러 가지 특징 중에서 반드시 주목해야 하는 부분이 바로 외부에서 유입된 놀이다. 외부에서 유입된 놀이는 앞서 언급한 바와 같이 두 가지 양상으로 구분된다. 서양에서 소개된 놀이와 일본에서 소개된 놀이가 그것인데, 이 두 양상은 넓은 관점에서 보면 서로 상충하는 부분이 있다. 다만 두 놀이를 어떻게 구분할 것인가

---

2 윤광봉, 「근대 놀이의 변화 양상」, 『의식주와 민속놀이를 통해 바라본 조선의 근대』, 채륜, 2012, 337~338쪽.

3 이상현, 「일제강점기 '무대화'된 민속의 등장 배경과 특징」, 『비교민속학』 35, 비교민속학회, 2008.
남근우, 「민속의 경연화와 예술화」, 『한국문학연구』 36, 동국대학교 한국문학연구소, 2009.

하는 문제는 앞으로 논의가 필요한 부분이다.

이 시기에 외부에서 소개된 놀이가 본래 어떤 나라의 것인지에 대한 문제는 잠시 접어두더라도 분명한 사실은 이 시기에는 전에 볼 수 없었던 여러 형태의 놀이가 우리나라에 소개되었다. 놀이를 유입한 주체는 선교사, 일본인(교사 등), 그리고 유학생 등 매우 다양하다. 모든 놀이의 영향 관계를 명확하게 규정할 수는 없지만 축구, 야구, 수영, 테니스 등은 서구에서 온 선교사의 영향이 크다. 요술이나 곡예, 투륜 등은 서양인들,[4] 화투와 가투 등은 일본인들에 의해 유입된 것으로 보인다. 특히 일제강점기에는 여러 가지 목적을 달성하기 위해 일본이 새로운 놀이를 보급시켰다. 하지만 놀이가 유입되는 과정은 다양한 양상을 보인다. 의도적인 부분도 있겠지만 인적 교류가 진행되는 과정에서 자연스레 소개된 것들도 있다.

근대에는 놀이문화의 종류가 다양해졌을 뿐만 아니라 연령 혹은 성별에 따라 향유하는 놀이문화가 서서히 구분되기 시작했다. 이전 시기에도 이런 양상을 엿볼 수 있었지만 근대에 오면서 보다 두드러진다. 아동들이 즐길 수 있는 실내유희, 여자들의 가투와 습률拾栗놀이, 남자들의 화투와 마작 등이 그러하다. 아동들이 주로 하던 실내유희는 당시 신문과 잡지에 자주 소개되었다. 『매일신보』에 실린 「정

4 1890년대들에 진고개에는 한국인을 유혹하는 두 가지 희한한 물건이 있었다. 눈깔사탕과 만화경이 그것이다. 구경을 좋아하는 한국인들인진라 이를 이용해 돈 벌 욕심으로 시바위, 족예, 요술, 곡예, 취시, 투륜 등이 소개되어 재미를 보았다(윤광봉, 「근대 놀이의 변화 양상」, 『의식주와 민속놀이를 통해 바라본 조선의 근대』, 채륜, 2012, 329쪽).

월에 가족끼리 할 새로운 실내유희-알아둘 몇 가지-」(1927. 1. 7.)[5]가 이러한 분위기를 엿볼 수 있는 대표적인 놀이다. 당시 신문에 소개된 실내유희 하나인 '도야지몰기'의 내용은 다음과 같다.

> 이 유희는 방안에서 좋고 실외에서도 좋습니다. 재료로는 맥주병이나 '사이다' 병 두 개하고 길이 석자 가량의 막대 두 개만 있으면 좋습니다. 이 병무개(병마개)를 도야지에 비하야 유희를 할 사람이만커든 두 편으로 나눠서 출발선 도착선을 적당한 거리로 정하고 출발점에 병을 내려놓고 첫 번으로 유희할 사람이 나습니다. 이리하야 지도자의 출발명령이 내리면 병 즉, 도야지를 막매기 끝으로 글려서 도착점에 갔다 다시 돌아오면 고만입니다. 어느 편이든지 이것을 빨리 끝낸편이 이기는 것입니다.[6]

특히 전통시기에 크게 주목받지 못한 아동과 여성에 대한 인식이 바뀌면서 이들이 향유하는 놀이문화가 이전에 비해 크게 증가하였다. 근대적 사고와 서구식 교육이 지대한 영향을 준 것으로 보이는데, 이러한 변화는 분명 이전 시기에는 찾아보기 어려웠다.

한편, 근대, 그중에서도 일제강점기는 놀이를 비롯한 오락이라는

---

5 섣달 금음날까지 집안일을 죄다 처리하고 정월을 맛게 되었습니다. 집안사람도 잠시 한가한 날을 보내게 되었고 더구나 소년소녀들은 학교가 방학이 되였음으로 정월에는 반드시 집집마다 재미있는 실내유희를 많이 합니다. 윷을 노는 이도 잇고 혹은 근래에 많이 행하는 가투를 하는 일도 잇겠습니다. 무엇을 하던지 간에 집안사람끼리 동모끼리 눈 내리는 밤에 화로를 들러 앉어 단락한 가정유희를 하는 것은 인생생활에 가장 윤택한 것입니다. 이에 몇 가지 실내 유희법을 소개하는 것이니 새해집안에서 반드시 한 번 하여보십시오(「세음세기, 하날, 산, 물, 놀이 소개」).

6 『매일신보』, 1935. 1. 24.

대상이 정조를 조야하고 심신의 피로를 치유해 줄 뿐만 아니라 능률을 도모하는 데 있어 중요한 행사로 인식하였다. 전쟁 준비로 피폐해진 농촌 경제를 활성화시키고, 노동 과정에서 능률을 향상시킬 목적으로 일본은 놀이를 이용하였다.

그런데 여기에서 또 하나의 고민이 생긴다. 놀이가 자연스레 유입되었는지, 혹은 정책에 의해 새로운 놀이가 우리나라에 들어왔는지에 대한 것이다. 개화기에 유입된 놀이에서도 이를 확인할 수 있겠지만 식민지 시기에는 일본이 정책으로 우리나라에 새로운 놀이를 보급했을 가능성이 농후하다. 후자의 경우는 여러 연구에 의해 밝혀진 바 있다.[7]

增産과農村娛樂의方向 ① 古瀨傳藏

근대에는 취미와 오락이라는 단어가 널리 퍼졌다. 전통시대에는 흔히 볼 수 없었던 등산, 연극, 영화, 기차, 여행, 단스홀(댄스홀) 등의 놀이문화 코드가 등장한 것이다. 이들의 등장은 분명 정책적 측면과

7 서종원·송재용, 「식민지 시기 아동놀이의 실체와 특징-울산 방어진 사례를 중심으로-」, 『실천민속학연구』 20, 실전민속학회, 2012.

관련이 있다. 하지만 이 시기에 이들 문화가 대중화되었다는 점은 반드시 주목할 필요가 있다.

일본의 영향에 따라 집단놀이가 금지되고, 지방을 중심으로 한 다양한 향토오락이 부흥되기 시작했다는 점도 빼놓을 수 없는 근대 놀이문화의 특징이다. 개화기에는 이러한 양상을 흔히 볼 수 있었던 것은 아니다. 일본은 식민지 조선의 통치와 전쟁을 준비하기 위해 정책적으로 놀이를 활용하는데, 이 과정에서 이러한 특징이 드러난 것이다. 아래의 내용에서 이러한 양상을 엿볼 수 있다.

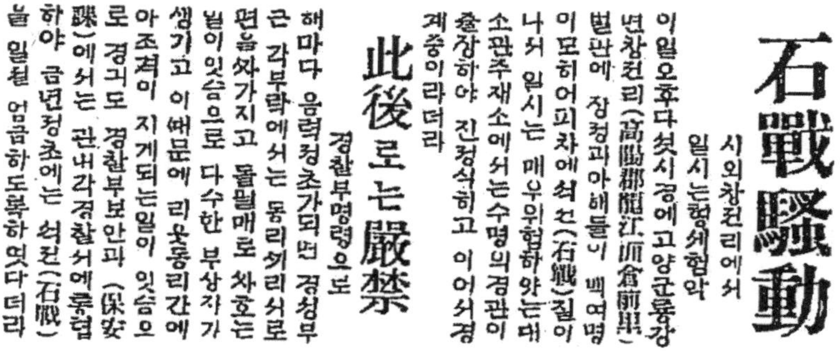
石戰騷動
시외창뎐리에셔 일시는형셰험악
이일오후다섯시경에고양군룡강면창뎐리(高陽郡龍江面倉前里)벌판에 장뎡과아해들이 백여명이모히어피차에셕뎐(石戰)질이나셔 일시는 매우위험하얏는대소관주재소에셔는수명의경관이출장하야 진뎡식히고 이어셔경계중이라더라

此後로는嚴禁
경찰부명령으로
해마다 음력정초가되면 경셩부근 각부락에셔는 동리끼리셔로편을짜가지고 돌팔매로 싸호는일이잇슴으로 다수한 부상자가생기고 이때문에 리웃동리간에 아조쳑이 지게되는일이 잇슴으로 경긔도 경찰부보안과(保安課)에셔는 관내각경찰셔에통텹하야 금년정초에는 셕뎐(石戰)을 일절 엄금하도록하엿다더라

석전괴동石戰騷動 시외 창전리에서 일시는 형세 험악 이일오후 다섯시 경에 고양군 룡강면 창전리 벌판에 장정과 아해들이 백여명이 모여 피차에 석전질을 하여 일시는 매우 위험하였는데 소관 주재소에서는 수명의경관이 출장하야 진정시키고 이어서 경계중이라더라. 차후此後로는 엄금 경락부 명령으로 해마다 정초가 되면 경성 부근 각 부락에서는 동리끼리 서로 편을 짜가지고 돌팔매로 싸우는 일이 있음으로 다수한 부상자가 생기고 이 때문에 이웃 동리 간

에 아조 격이 지게 되는 일이 있음으로 경기도 경찰부보안과에서는 관내 각 경찰서에 통렵하여 금년 정초에는 석전을 엄금하도록 하였다더라.[8]

전쟁하의 오락은 요불요에 대해서는 우리들 국민 사람들이 각자 제가끔 이론을 늘어놓는다 했자. 결국 그것은 아무짝에도 못 공론空論이다. 전쟁 하에 있어서는 무슨 일이고 전쟁목적관철의 일점에 집중된 국가지상요청에 합치시키지 않으면 안 된다. 즉 국가가 증산에 핍핍한 농민에 대해서는 전쟁 중이므로 휴양도 위안도 오락도 불필요하다. 하는 방침이라면 다소의 불만이 있다할지라도 그 국가목적에 맞도록 하지 않으면 안 된다.[9]

두 가지 양상 중에서 향토오락이라 명시된 부분을 눈여겨 볼 필요가 있다. 위의 인용구에서도 알 수 있듯 전쟁을 준비하는 과정에서 오락을 적극적으로 활용하여 증산 증대를 도모하였다. 다음의 기사는 이를 보다 분명하게 보여주고 있다.

농촌진흥운동의 확충과 함께 농산촌민의 오락기관을 충실하야 소위 애향심의 관념을 양성하고 청소년의 도시동경심을 해소하는 것은 가장 중요한시설로 도 당국에서는 이 방면에 대한 조사연구를 하기로 되어 금반농촌에 재在

8 『동아일보』, 1923. 2. 4.

9 『매일신보』, 1943. 10. 10.

한 오락관娛樂關으로 남자에게는 척사 각희 여자에게는 유산遊山 유생에게는 시회詩會 또 소아농청소년에게는 풍년무豊年舞 등을 각 군에 통첩 상황조사를 하야 이를 장려하기로 되었다.[10]

鄕土娛樂을復興
農民의愛鄕心助長
擲柶、脚戱、遊山、豊年舞等의
狀況調査에着手

慶北農村의
樂園化計劃

【大邱】農村振興運動의擴充과함께農山村民의娛樂機關을充實하야所謂愛鄕心의觀念을養成하고靑少年의都市憧憬心을解消하는것은가장重要한施設로道當局에서는이方面에對한調査硏究를하기로되여今般農村에在한娛樂關으로男子에게는擲柶脚戱女子에게는遊山 儒生에게는詩會또小兒農靑少年에게는豊年舞等을各郡에通牒 狀況調査를하야이를奬勵하기로되엿다

10 『매일신보』, 1936. 4. 16.

1930년대에는 전국적으로 여러 형태의 향토오락이 보급된다. 여러 사람들이 참여할 수 있는 자리를 마련하기 위해 대회도 개최되었다. 대회에 활용했던 놀이들은 전통적으로 행해오던 놀이뿐만 아니라 이 시기에 새롭게 생겨난 놀이도 있었다. 씨름, 그네를 비롯해 가투, 습률 등이 대회의 성격으로 전국 여러 지역에서 개최되었다.

> 이리 운동의 가을 추석명절의 농한기를 이용하야 이리 각희협회 주최와 본보 이리지국후원으로 시월오일부터 동구일까지 오일간 이리경정 각희장에서 호남각희대회를 개최한다는 바 자고로 가배절을 당하면 년년세세 남선의 유일한 농민의 역기운동이니만치 용혈장사가 운집하여 대성황을 예기한다고 하며 특히 동대회의 성장을 가고자 수년전축산공진회개최당시에 선발된 군 대표선수 수 백 명을 초치招致하야 전무한 용호상박전이 전개되리라고 한다. 기타여흥으로 진미 백퍼센트의 각종 연극 등도 다유한다는 바 일반의 다수 내관을 바란다고 한다.[11]

2. 놀이문화의 범주

오늘날 우리가 인식하고 있는 것과 근대의 놀이문화는 약간의 차이를 보인다. 차이를 보이는 이유는 근대를 살았던 사람들이 인식했던 놀이문화의 범주와 지금의 것이 다르기 때문이다. 그러한 원인은

---

11 『매일신보』, 1936. 10. 4.

결국 이 시기의 시대적 상황과 관련이 있다. 특히 앞서 살펴본 근대의 전반적인 특징을 이해할 필요가 있을 것이다.

현시점에 근대의 놀이문화를 한 마디로 정의하기란 쉽지 않다. 근대에는 이전부터 있었던 놀이를 비롯해 이 시기에 오면서 다양한 놀이가 외부에서 유입되었다. 그렇다고 이 문제 때문에 놀이문화를 명확하게 정리하지 못하는 것은 아니다. 무엇보다 이 무렵에 유입된 여러 가지 사상과 사고는 기존에 인식하였던 놀이문화의 범주를 보다 확대시켰다. 오늘날 우리가 스포츠로 인식하는 운동을 놀이의 범주에 포함하였다는 것만 보더라도 쉽게 알 수 있는 내용이다. 하지만 지금까지의 연구에서는 이 부분을 주목하지 않았다. 단순히 그런 인식이 깔려 있었다는 사실은 알고 있지만 본격적으로 근대의 놀이문화 범주를 누구나 공감할 수 있도록 규정한 연구는 거의 없다. 필자가 별도의 장을 할애하여 놀이문화의 범주를 다룬 이유는 어쩌면 이런 현실에서 출발하였다 해도 지나친 말이 아니다.

그렇지만 이 작업은 쉽지 않다. 워낙 여러 형태의 놀이가 있었고 어느 범위까지를 놀이로 포함해야 하는지를 단정할 수 없기 때문이다. 다만 여기에서는 송석하가 조선전승오락을 분류한 내용을 토대로 근대의 놀이문화의 범주를 소개하고자 한다. 그가 『조광朝光』이라는 잡지에 투고한 「조선전승오락朝鮮傳承娛樂의 분류分類」(1941. 4)에는 그러한 내용이 자세히 실려 있다. 송석하는 이 글에서 조선전승오락을 크게 다섯 가지로 분류하고 있다. 기구상분류, 계절적 분류, 관념적 분류, 지리적 분류, 존재상분류가 그것이다. 여기에서 언급하는 내용은 잡지에 실린 내용 일부를 수정한 것이다.

1) 기구상機構上의 분류

기구상의 분류는 크게 단체와 개인으로 분류하였다. 단체의 경우는 다시 이성합동과 동성만으로 구분하였으며, 이성합동은 다시 노약老弱으로 나누고 이성합동으로 마무리 하였다. 반면 동성만의 경우에는 남녀로 구분하였다. 남자의 경우는 석전과 농업, 여자의 경우는 놋다리 밟기, 강강수월래가 해당 놀이 포함된다. 그리고 동성의 경우는 또한 노老, 약弱, 그리고 노약합동을 세분화 시켰다. 노인의 경우는 기노회耆老會, 약의 경우는 놋다리밟기, 노약합동은 석전과 농악이 포함되어 있다.

개인놀이 역시 대분류는 남여이다. 그리고 다시 노, 약, 그리고 노약공통으로 분류하였다. 이 분류를 보면 남자 노인의 경우 기박碁博·단편短篇, 어린 아이들의 경우는 지연(연날리기)가 있다. 여자 노인의 경우는 모레찜질·중략中略보기, 여자 어린이의 경우는 꽃다룸이 포함된다.

2) 계절적季節的분류(연중행사年中行事)

월	놀 이
정월	척사, 도판(널뛰기), 색전, 석전, 가면극, 지신밟기, 목우희, 영월(迎月), 답교, 놋다리밟기, 차전, 야화희(野火戱), 거화희(炬火戱), 사자무, 관원노리, 종경도, 성황제, 별신굿, 강강수월내
이월	머슴노리, 영등제
삼월	화전노리, 경노회, **절유(節遊)**, **향음(鄕飮)**, 주례(酒禮), 궁술회, 극악(極樂)마지(개성)
사월	파일노리(창조극(倡調劇), 영회(影繪), 관등노리)
오월	단오노리(추천, 각희, 가면극, 가면무용, 사자노리, 우인극(偶人劇)), 서황제농악

월	놀 이
유월	유두노리, 삼복노리, 천렵, 제초(除草)농악
칠월	백중노리, 머습초연(草宴), 두레노름
팔월	칠석(秋七)노리(각희, 색전, 가면극, 인형극, 창조극, **백일장**, 구희(龜戱), 조리희(照里戱), 소멕이, 중략(中路)보기, 강강수월내)
구월	단풍노리, 국주연(菊酒宴), 국병연(菊餠宴)
시월	농공(農功)무용
십일월	팽이(독락(獨樂))
십이월	독락(獨樂), 지연(紙鳶), 종경도

※밑줄친 놀이는 현존하지 않는 것임.

3) 관념적 분류

감정	내 용
정서 감정상	가면극, 가면무용, 지신밟기무용(일명 칭칭이 우(又) 괘지나칭칭), 우인극, 사자무, 강강수월내, 무용(이앙, 제초농공), 풍어무(豊漁舞), 화전, 초유, 영회극
승부 감정상	척사, 색전, 석전, 지연, 차전, 궁술, 독악, 골패, 투전, 돈치기, 기장기(碁將棊), 투우, 꼽개
종교 신앙상	가면무용, 가면극, 지신밟기, 색전, 석전, 모욱희, 영월, 답교, 야화희, 거화, 영등제, 극악마지, 성황제, 관원노리
향락상	머슴노리, 농악, 축복노리, 백중노리, 단풍노리, 국주연, 국병연, 선유(船遊), 천렵, 삼복노리, 유두노리
체육 경기상	색전, 석전, 차전, 각희, 추천, 도판, 장구(杖球)(얼내공 우(又) 짱공은 현재의 하기와 유사), 빙상장구(현재의 아이스 하키 같은 것), 답교, 놋다리 밟기, 궁술, 귤화전(橘火戰), 지신밟기, 지연, 택견, 십팔계(十八計) (차이자(此二者) 기(共) 근세(近世) 지나(支那) 수입기(技))

4) 지리적 분류

지방	내 용
南鮮 지방	추석노리, 가면극, 사자무, 지신밟기, 놋다리 밟기, 차전, 머슴날노리, 화전노리, 강강수월내, 농악, 모래찜질, 색전, 각희, 추천, 도판
中鮮 지방	파일노리, 단오노리, 추천, 색전, 각희, 극악맞이, 가면극, 도판
西北鮮 지방	단오노리, 가면극, 급 무용, 사자무, 관원노리, 추천, 각희, 도판

5) 존재상存在上분류

보편적(색전, 추천, 각희, 농악)

특수적 지리적 야유극野遊劇(동래, 부산) 오광대극(초계草溪, 진주, 통영기타) 사자무(수영, 북청, 봉산) 산대극(경성, 진주) 우인극(구파발, 봉산) 영희극(개성)

탈춤(봉산, 해주) 관원노리(북청) 지신밟기(경상도 일대)

축복노리(정주) 풍어무용(한천) 중로보기(전북) 극악맞이(개성)

별신극(동남해안) 소멕이(황주) 술멕이(김제)

거복노리(이천) 농사장원(울산) 배뱅이굿(평안도)

놋다리밟기(안동) 차전(안동) 투우(진주) 강강수월내(호남)

계절적 일반적 향락적

종교적

노동적 노작勞作적

향락적

송석하가 분류한 내용을 보면 당시 놀이문화의 범주는 비교적 포괄적임을 알 수 있다. 무용을 비롯해, 스포츠 등이 당시에 놀이문화로 인식되었다. 범주가 포괄적인 데는 무엇보다 다양한 놀이가 이 시기에 생겨났기 때문이기도 하지만 개념이 명확하게 정리되지 않은 이유도 결코 무시할 수 없다.

이런 사실을 놓고 볼 때 근대의 놀이문화는 오늘날 우리가 생각하는 것보다 다양했음을 알 수 있다. 다만 당시의 시대적 상황을 고려하면 다양한 놀이문화를 일반화시키기 어려웠을 것으로 보인다. 전통시대의 놀이문화와 이 시기에 유입된 놀이문화의 기능과 성격이 차이가 있었기에 그러할 수밖에 없었다고 하는 게 보다 바람직하리라 생각된다.

3장
근대에 사라진 놀이문화

근대의 놀이문화를 살펴보는 과정에서 우선 언급해야 하는 내용이 바로 이 시기에 사라진 것이다. 이전부터 행해오던 놀이 상당수가 이 무렵에 사라지거나 소멸되었다. 모든 놀이가 이러한 흐름으로 변한 것은 아니다. 그렇지만 전통 방식으로 행해오던 놀이문화 가운데는 근대로 오면서 이렇게 변한 것들이 적지 않다. 전통적으로 행해져 오던 놀이문화가 근대에 소멸된 연유는 앞서 소개한 근대적 사고(사상)와 외부에서 유입된 서구 문화 등이 지대한 영향을 주었다. 현시점에서 그러한 영향 관계를 밝히기는 쉽지 않지만, 다양한 요인들로 인해 전통적으로 행해오던 놀이문화가 소멸된 것은 사실이다.

근대의 이러한 양상은 비단 놀이문화에서만 볼 수 있는 것은 아니다. 일생의례의 경우도 이 무렵에 오면서 사라진 것들이 많은데, 우선 몇 가지 내용만 살펴보도록 하겠다. 이를 통해 놀이문화가 사라진 연유를 유추해 볼 수 있기 때문이다.

> 평북 귀성군지대에는 종래로부터 여러 가지 폐풍악습이 만흔 중 상례 시에 일반역군에게 떡을 꼬치에 꾀에 주는 일과 소상 시에는 상사에 사용한 역군들에게 많은 떡을 하야 돌리는 나쁜 풍속이아지 곧 많아 이것은 유치한 시대에 있던 박풍일 뿐 아니라 경제상 마흔 손실이 있어 일반의 비난이 많은 바 동군읍내에서는 유지들의 발기로 이것을 폐지하고자 좌우 부동약을 조직하고 일반에게 시행하여 오는바 그 성적이 양호하다며 멀지 않은 장래에 전군적으로 폐지되리라하여 일반은 그 동약의 실행성적을 주목한다는 바 창자동 동약에서는 관혼상제의 경비를 극히 절

약시키기에 힘쓰리라 한다.[1]

위의 기사를 통해 엿볼 수 있듯이 전통적으로 행해져 오던 일생의례가 소멸되는 과정에서 자주 언급되던 것이 바로 '폐풍악습'이다. 근대적 사고의 관점에서 볼 때 상례 시에 꼬치에 떡을 꿰어 역군들에게 많은 떡을 돌리는 것은 유치한 시대의 박풍이자 경제상 많은 손실을 가져올 수 있기 때문에 이 풍습이 없어져야 한다는 것이다. 당시에는 전통적으로 행해오던 일생의례 자체를 폐습弊習 내지 악습惡習으로 규정하고, 이를 어떻게 개혁할 것인가에 대한 논의도 많았다. 혼례문화에서는 조혼早婚 풍습을 없애야 할 대상으로 인식하였다.

> (전략) 우리 조선에도 아직 완고한 관습을 타파치 못하고서 남녀가 열 서너 덧살만 되면 결혼을 시키는 사람이 향촌에 점점 드무니 인도의 조혼을 숭불형편도 아니고 속이 쓰린 일이올시다. 조혼으로 인하여 인도조선 두 나라가 세계에서 호평을 얼마나 받았는지는 의문이니 필자의 천견으로는 망국亡國이 두자밖에는 발견한 것이 없습니다. 조혼의 폐단은 참으로 많으니 부부불화 이혼속출 여자간음 남자방탕 남편독살 기타의 여러 가지 범죄와 폐단이 조혼 때문에 이러남이 얼마나 많습니까 필자는 독자제현은 이

1 『동아일보』, 1930. 11. 26.

조혼타파의 선구자가 되시기 바랍니다.[2]

이 시기의 이러한 양상은 일반적인 흐름이었으리라 생각된다. 다만 개별 내용에 따라 다양한 이유가 있을 것이다. 더 이상 근대 이전의 문화가 필요 없었던 점도 있겠지만 생업환경 등이 변화면서 자연스레 사라졌을 수도 있다.

물론 새로운 문화가 유입되면서 전통의 문화가 사라진 경우도 흔히 볼 수 있다. 다시 말하자면 새로운 문화로 대체된 경우이다. 상여로 운구를 운반하던 풍속이 차량이 등장하면서 차로 운반했다는 내용이 여기에 해당된다.[3]

놀이문화도 다양한 연유로 변화되었을 것이 분명하다. 어떤 연유때문인지에 대해서는 앞으로 다른 형태의 연구를 통해 밝혀야 할 것이다. 여기에서는 당시의 잡지에 사라졌다고 언급된 놀이문화 가운데 세 가지를 선별하여 소개하고자 한다. 세 가지 놀이는 '공자제국놀이', '풍잼쌈', '장치기'다. 잡지에 실린 내용을 토대로 이해하기 쉽도록 다시 수정하였다.

---

2 李壽童, 「兒童의 早婚의 弊習을 쫓치라-印度의 早婚奇風과 朝鮮-」, 『실생활』 3권6호, 1932. 6.

3 그렇지만 이러한 것들이 절대적으로 근대적 사고의 영향이라 단정할 수는 없다. 보다 다양한 측면에서의 고민이 필요하다. 근대에 외부에서 다양한 문물과 제도 등이 소개되면서 자연스레 이러한 양상으로 변화되었을 가능성도 있기 때문이다.

1. 공자제국놀이(孔子帝國노리)[4]

없어진民俗

孔子帝國노리

白花郎

一

예로 부터 우리조선에서는 선비를 국가의 원기(元氣)라 일카렀읍니다.

그래서 소위 사(士)、농(農)、공(工)、상(商)등、사회계급중에 선비를 우뜸으로 대접하였으니 그것은 문치(文治)를 중히 생각한 것이였읍니다.

어느나라 어느사회를 치고 선비대접을 소중히 아니한 나라가없고 선비를 존숭히 대접하지 아니한 사회가 없읍니다만은 우리조선만큼 선비대접을 존숭히 하기를 오랫적부터 시작한 나라는 별로없을 것입니다.

그런데 옛날 팔도의 선비가 모두 몰여서 앞날외 큰 영광을 생각하면서 공부에 열심하는 곳은 성균관(成均館)이 있으니 그들을 성균관유생(成均館儒生)이라 일렀읍니다.

이 성균관유생들이 마치 요사이 학생들이 춘추로 몰여서 대운동하는것과 가치 역시 여름철 한번과 겨울철 한번에 큰 노리를 하는일이 있었으니 그것이 일은바 공자제국(孔子帝國)의 노리라하는 것입니다.

대체 이 공자제국노리라는것은 그 절차와 방법이 애래와 같읍니다.

먼저 큰 장지에 대궐궐(闕)자를 쒀서 그 중이로써 대궐이라하고 공부자(孔夫子)석자를 쒀서 그 대궐 그자를 쒀서 불인뒤에 천자(天子)로써 뫼십니다.

예로부터 우리 조선에서는 선비를 국가의 원기元氣라 불렀습니다. 그래서 소위 사농공상士農工商등 사회 계급 중에 선비를 으뜸으로 대접하였으니 그것은 문치文治를 중히 생각한 것이었습니다. 어느 나라 어느 사회를 치고 선비대접을 소중히 아니한 나라가 없고 선비를 존숭하게 대접하지 아니한 사회가 없습니다만 우리 조선만큼 선비대접을 중요하게 생각하기를 오래전부터 시작한 나라는 별로 없을 것입니다.

4 「없어진 민속」, 『朝光』 3권 4호, 1937. 4, 263~266쪽.

그런데 옛날 팔도의 선비가 모두 모여서 앞날의 큰 영광을 생각하면서 공부에 열심히 하는 곳은 성균관成均館이었으니 그들을 성균관 유생儒生이라 일렀습니다. 이 성균관 유생들이 마치 요사이 학생들이 춘추로 모여서 대운동하는 것과 가치 역시 여름철 한번과 겨울철 한번에 큰 노리를 하는 일이 있었으니 그것이 일은 바 '공자제국孔子帝國의 노리'라 하는 것입니다. 이 공자제국노리라는 것은 그 절차와 방법이 아래와 같습니다.

먼저 큰 장지에 대궐 '궐闕'자를 써서 그 종이로써 대궐이라 하고 공부자孔夫子 석자를 써서 그 대궐 그자를 써서 붙인 뒤에 천자天子로써 뫼십니다. 그런 뒤에는 사학당四學堂으로써 제후국諸侯國을 봉합니다. 즉 동학東學으로는 부성공국復聖公國을 삼고 남학南學으로는 술성공국述聖公國을 삼고 서학西學으로는 아성공국亞聖公國을 삼고 중학中學으로는 종성공국宗聖公國을 삼습니다.

이상과 같이 공자님으로는 천자를 삼고 사학으로는 제후를 살은 뒤에는 말하자면 중앙정부의 직제를 만들되 그 문무관원이 되는 사람은 물론 성균관의 유생으로써 정합니다. 즉 삼정승三政丞을 뽑고 그 다음 오르는 이조吏曹, 호조戶曹, 예조禮曹, 병조兵曹, 형조刑曹, 공조工曹며 그밖에 또한 춘추관春秋館, 예문관藝文館, 홍문관弘文館 등 삼관과 대사헌大司憲, 대사간大司諫, 의금부義禁府, 포청捕廳, 승지承旨 등 백관을 제정한 것이 한 조정과 조금도 다른 것이 없습니다. 특히 유생 중에 孔氏 성을 가진 사람과 공자님의 '위諱'자인 '구丘'자 성을 가진 사람은 종친宗親이라 정하였습니다. 그런 뒤에는 문무관이 각각 복색을 제대로 차리되 첫째 문관은 흰 종이와 누런 종이를 똥그랗게 오리여서 망건뒤에 붙이되 흰종이는 옥관자玉貫子라하고 누런 종이는 김관자金貫子라 하였습니다. 다음에 무관의 복색도 역시 종이로써 만들되 그 종이를 새 깃과 같이 만들어 갓 꼭대기에 꽂아 그것을 호발虎鬚라 하야 융복戎服을 입은 흉내를 내었습니다. 이와 같이 모든 흉내를 준비한 뒤에는 그 제후국이라는 사학에서 사신을 보내어 조공朝貢의 예를 거행하되 그 조족의 예를 항용 닭으로써 받쳤습니다.

이렇게 사학에서 사신으로 오는 선비는 먼저 예부禮部를 통하여 그 대궐 글자를 써 붙인 종이 앞에 들어가되 마치 천자의 정전正殿에 들어간 것과 가치 국궁사배로써 성수만세聖壽萬世를 머리를 쪼아 아뢰고 궐하를 물러나옵니다. 그 사신이 궐하를 물러 베풀어 대접하되 주효를 갖춰 즐겁게 하는 것은 물론 풍류를 아뢰며 그 주흥을 곱게 하였습니다. 그런데 그 잔채는 말로는 진수성찬을 갖춘 잔채요 그 풍류는 오음육율五音六律의 악기로써 아뢰는 이는 것으로 생각할 것입니다. 그러나 알고 보면 기가 꽉 막히는 훌륭한 큰 잔채요 기가 꽉 막히는 풍류였습니다. 즉 술로 말하면 모주 한잔이요, 안주로 말하면 콩볶음의 단 두 가지입니다. 또한 그 풍류로 말하면 어린 아이들을 시키며 솥뚜껑을 요란스럽게 뚜드리게 하였으니 그것을 이른바 동악動樂이라 하였습니다.

그밖에 또한 성균관을 흉내 내어 석전(친)대제를 거행하게 하되 이 석전대제에는 물론 사학四學의 유생이 참례하고 그 대제에 참례한 유생에게는 과거를 보이되 그 글제는 웃음거리로서 글을 짓게 하는 바 여기에 장원이 되는 유생을 소위 천장급제天場及第라 하여 창방唱榜을 불리고 종이쪽에 그 유생의 성명을 써서 그것을 정목政目이라하야 대성전 앞에서 이리 저리 깃들이니 그것이 즉 천하에 반호한다는 뜻이었습니다.

다음에는 나라에 죄를 지은 자에게 형벌하는 흉내이니 태도가 공순치 못한 유생을 일부러 뽑아서 지푸라기로써 몸을 얽고 마루 밑에다 가두니 그 지푸라기는 즉 오라줄이오 그 마루 밑은 즉 육이였습니다. 그런데 만일 역율逆律로써 중한 벌을 내리어 죽이게 될 경우에는 지푸라기로써 제웅을 만들어 의금부에 명령하여 사실을 심문한 뒤에 사형을 하되 궐로써 그 제웅의 목을 베입니다. 이상에 말한 것이 소위 공자제국의 노리를 대강 적은 것입니다.

그런데 일찍 성균관의 상사上舍로 있는 윤심尹深이 어느 해 여름에 공자제국노리를 거행할 새 천사天使가 되어서 각제후국이라는 사학을 순회하게 되었습니다. 이때 윤심이 길을 떠날새 울긋불긋한 오색 종이로서 관과 옷을 만들어 입고 대가지로 만든 죽산마竹産馬를 타고 장안대로에 나섰습니다. 그 우습게 꾸미고 나신 것을 볼 때에 누가 배를 움켜잡고 웃지 아니하겠습니까? 그중에 더욱 웃긴 것은 윤심이 그 죽산마 위에서 손을 내들으며 입으로는 한어漢語를 하는 양으로써 의기양양하게 짖거리는 것입니다. 때마침 내관 한사람이 성균관 앞을 지나 그 놀이를 하는 전말을 자세히 본 뒤에,

"하하 저런 변고가 있는가"

하고 즉시 궐내로 급히 뛰어 들어가 태종대왕께 아뢰되,

"큰 변고가 생기였습니다."

"오오 무슨 변고인고?"

"방금 성균관 유생들이 반叛하였습니다"

"어떻게 반하였는고?"

하시고 태종께서는 그 반한 형편을 자세히 물으셨다.

그 내관은 떨리는 목소리로서 유생이 그 놀이하는 것을 자세히 말씀드렸습니다. 태종대왕께서는 그 내과의 아룀을 자세히 들으신 뒤,

"오오 예로부터 내려오는 유생들의 한 때 노는 풍속이니 다시는 그런 말을 아뢰지 말지어다. 나도 일찍 그런 장난을 하여 보았노라"

하시며 태종대왕께서는 그것이 유생들의 고풍이니만큼 나라에서도 금할 필요가 없는 것을 자세히 말씀하셨다.

공자노리? 이것은 오직 유생들의 사이이 한 노리풍속으로써 다른 민속보다는 조금 고급의 풍속이었으니 그것은 선비로써 예의 절차를 연습시키는 놀이였는바 이도 역시 오늘날의 없어진 풍속 중으로 사라지고 말았습니다.

2. 풍쟁쌈豊爭[5]

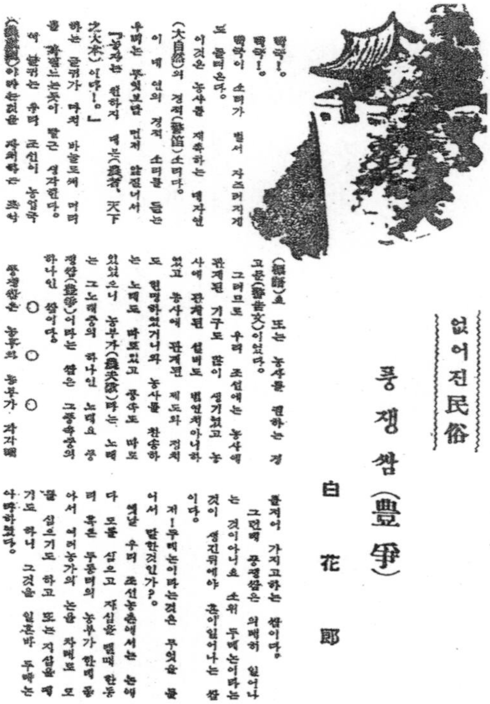

없어진民俗

풍쟁쌈(豊爭)

白花郞

딱국!。
딱국!。
딱국이 소리가 벌서 자즈러지게 또 들려온다。
이것은 농사를 재촉하는 대자연(大自然)의 경적(警笛)소리다。
이 네 연의 경적 소리를 듣는 우리는 무엇보담 먼저 앞질너서 「농자는 천하지 대본(農者、天下之大本)이다!。」 하는 글귀가 마치 바늘로써 머리를 [illegible]는듯이 빨근 생각한다。
에 [illegible] 우리 조선이 농업국 (蹴鞠)이라는것을 자희하는 초석

(緣語)요 또는 농사를 권하는 경고문(警告文)이었다。
그러므로 우리 조선에는 농사에 관계된 기구도 많이 생기었고 농사에 관계된 설비도 범연치아니하였고 농사에 관계된 제도와 정치도 현명하였거니와 농사를 찬송하는 노래도 따로있고 풍속도 따로있었으니 농부가(農夫歌)라는 노래는 그 노래중의 하나인 노래요 풍쟁쌈(豊爭)이라는 쌈은 그풍속중의 하나인 쌈이다。
○ ○ ○
풍쟁쌈은 농부와 농부가 자자때

흥겨어 가지고하는 쌈이다。
그런데 풍쟁쌈은 의례히 일어나는 것이아니요 소위 두레논이라는 것이 생진뒤에야 흔이일어나는 쌈이다。
저-두레논이라는것은 무엇을 들어서 말한것인가?。
예날 우리 조선농촌에서는 논에다 모를 심으고 재심을 맬때 한동리 혹은 두동리의 농부가 한데 몰아서 여러농가의 논을 차례로 모를 심으기도 하고 또는 지심을 매기도 하니 그것을 일흔바 두레는 아야하였다。

5 白花郞, 「없어진 民俗 풍쟁쌈」, 『朝光』 2권 6호, 1936. 6, 283~288쪽.

뻐국-, 뻐국- 뻐국이 소리가 벌써 자지러지게도 들려온다. 이것은 농사를 재촉하는 대자연大自然의 경적警笛소리다. 이 네 연의 경적 소리를 듣는 우리는 무엇보담 먼저 앞질러서 '농자는 천하지 대본農者, 天下之大本이다.'하는 글귀가 마치 바늘로 머리를 꼭 찌르는 듯이 발근 생각한다. 이 글귀는 우리 조선이 농업국이라는 것을 자처하는 표시요 또는 농사를 권하는 권고문勸告文이었다. 그러므로 우리 조선에는 농사에 관계된 기구도 많이 생기였고 농사에 관계된 설비도 범연치 아니 하였고 농사에 관계된 제도와 정치도 현명하였거니와 농사를 찬송하는 노래도 따로 있고 풍속도 따로 있었으니 '농부가農夫歌'라는 노래는 그 노래 중의 하나인 노래요 풍쟁쌈豊爭이라는 쌈은 그중 풍속 중의 하나인 셈이다.

풍쟁삼은 농부와 농부가 각각 패를 지어 가지고하는 쌈이다. 그런데 풍쟁쌈은 의례히 일어나는 것이 아니요 소위 두레논이라는 것이 생긴 뒤에야 흔히 일어나는 쌈이다. 저- 두레논이라는 것은 무엇을 들어서 말한 것인가?

옛날 우리 조선 농촌에서는 논에다 모를 심으로 지심(김)을 맬 때 한 동리 혹은 두 동리의 농부가 한데 모아서 여러 농가의 논을 차례로 모를 심기도 하고 또는 지심을 매기도 하니 그것을 이른바 두레논이라 하였다. 이 두레논은 가난한 돌이에서는 행하기가 어려웠다. 그 까닭은 첫째는 경비문제요. 둘째는 풍물風物-즉 농악農樂 문제다. 다시 말하면 두레논을 매자면 그 두레 농군의 수효가 백 명이 되든지, 이 백 명이 되든지 그들이 두레논을 끝내는 날까지의 밥과 술과 담배를 그 동리에서 대는 것이 한원측이 된 까닭이었다.

그런데 이 경비는 그 동리의 여러 농가에서 각각 형세를 달아 추렴을 내어서 쓰게 된 것이다. 그것은 벌써 제각각 출렴도 냈을 뿐만 아니라 그 전 동리의 농사를 그 전 동리의 농부가 한 의무로써 행하는 것이 두레논의 정신이오 목적이 된 까닭이다.

그런데 두레논을 행하는 경우에는 반듯이 소위 풍물이라는 농악이 있어야만 한다. 이 풍물의 준비는 역시 경비의 다과를 따라 그 종류가 다소 다른 것은 더 말할 것이 없다. 그러나 아무리 적은 규모로 준비한다 할지라도 꽹과리 중 장구 북등 이 네 가지는 반드시 있어야 한다. 이와 반대로 큰 규모로써 준비하는 풍물은 꽹과리 중 장구 북 이외에도 나팔 소라 소구 등 여러 가지가 있다. 그리고 풍물을 치는 농부도 적은 규모로 하는 두레노은 다만 더리에 수건만 동이고 하나 큰 규모로 하는 두레논은 치레도 장하게 시킨다. 즉 머리에는 가진 상모를 단 패랭이平凉子를 쓰고 몸에는 철익 비슷하게 누런 베로 만든 웃옷을 입는다. 그리고 또한 소위 무동이라는 것도 여러 쌍을 세운다. 이 무동의 치레로 규모의 대소를 따라서 각각 다르나 보통으로는 머리에는 가지각색 꽃을 만들어 붙인 고깔을 쓰고 몸에는 전만전복에 황색이나 홍색 비단 띠를 띠고 손에는 반듯이 송화색松花色 수건을 들게 한다. 그러므로 그 차림을 갖춘 한 때는 그 휘황찬란한 춤이 소위 화랑이花郞패와 같았다.

그런데 문두 두레논의 거행은 오직 풍물이 준비된 것으로만 되는 것은 아니다. 또한 없지 못 할 것이 있으니 그것은 농기다. 이 농기는 매우 소중하게 역이는 기이다. 비유하여 말하면 농부가 농기를 공경하는 마음이 마치 군인이 군기을 존중히 여기는 것과 다름이 없다.

이 농기를 꾸미는 것도 규모를 따라서 그 치례가 각각 다르다. 적은 규모로써 만든 농기는 다만 미명 베로 만드는 것이 보통이다. 그러나 큰 규모로 만든 기는 고은 흰명주로 바탕을 만들고 그 옆으로는 역시 고운 명주에 남색물을 들인 거를 물고기의 지느러미 형상-

즉 용린龍鱗을 만들어 달고 한 폭 판에는 '농자 천하지 대본'이라는 일 곱 자를 뚜렷이 새긴다. 그리고 깃대는 큰 대나무를 쓰되 기 꼭대기는 훌륭한 공작의 꼬리를 용의 형상을 아로 색인 등에 가득히 넣어 꽂았다.

그뿐 아니라 기폭 아래에는 흰 무명으로 만든 두 개의 줄이 있고 또는 삼으로 꼰 튼튼한 줄이 셋이 있으니 그 흰 무명 줄은 기를 운동시킬 대에 좌우에서 부측하기 위하야 잡는 줄이오 삼베줄 셋은 기를 세워놓을 때에 삼각형으로 묶어 기를 잡지 않기 위한 것이다.

그런데 두레논을 시작하려면 먼저 그 동리의 여러 사람 중으로부터 명망이 있는 이를 뽑아 영수領首를 삼고 그다음에는 똑똑하고 영리한 사람을 뽑아서 집사執事를 삼는다. 이 영수된 사람과 집사가 된 사람은 그 두레논의 간부 격이다. 그러므로 그 영수된 사람이 첫째 회계를 감독하며 두레논를 행해나갈 순서를 지휘하는 것은 물론이요 질서를 유지하는 책임을 맡았다. 이에 여러 두레논의 농부들은 그 영수와 집사의 명령을 절대 복종하는 것이 한 의무이었다.

그런데 만일 두레논의 농부로써 두레논의 규칙을 어기는 경우에는 반듯이 거기에 적당한 벌을 쓰게 된다. 그러하여 두레논을 거행하게 되는 경우에는 여러 가지 준비를 하는 중에 곤장棍杖 한쌍으로 으레 준비한다. 이 곤장은 물론 두레논의 규를 올바로 잡으려는 형벌기구다. 이와 같은 규정이 있음으로 혹시 그 규칙을 어긴 농부가 있어 형벌을 주고 또는 당할지라도 그것을 사형私刑으로써 보아 국법을 지키지 아니한 행동으로 여기지를 아니하였다.

이와 같이 모든 준비가 완전히 마친 뒤에는 비로소 두레논을 시작하는 예식을 거행한다. 먼저 넓은 마당에 농기를 내어 꽂고 영수이하 여러 농부가 모아서 미리 준비하였든 음식물을 기 앞에 놓고 고사를 지낸다. 이 고사의 의식이 끝난 뒤에는 영수와 집사가 각각 자리를 잡어 놓고 그 다음에는 풍물잡이 밖에 여러 농부의 순서로써 풍물을 치면서 농기를 에워싸고 몇 번이나 돌아다님으로써 두레논의 의식을 마친다. 이 예식이 마친 뒤에는 영수 이하 여러 농부가 농기아패에 한배 모아 앉아서 준비하야 두었던 술과 안주를 배불리 먹는다. 그러고서는 여러 농부가 다 같이 풍물 치는 장단을 맞춰 춤도 추고 노래도 불으며 한끝 질기니 이것을 말하면 그 두레논 예식의 여흥이라 할 것이다.

그런데 이 여흥은 다만 농기를 세운 밑에서만 하는 것이 아니오 어떤 때는 농기 밑에서 질탕히 잘 놀다가 그 동리 사람 중에 명망이 있는 사람이나 재산이 있는 사람의 문전을 찾아가서 역시 풍물을 치면서 노는 수가 있다. 그러면 그 주인 된 사람은 주효를 대서 대접 하는 것은 물론이오, 전곡 간에 그것을 농기 앞에 갖다 놓는데 결단코 빈 입과 빈손으로는 돌려보내지 아니한다.

그런데 두레논을 매러 가는 때는 반듯이 행렬에 순서가 있다. 즉 행렬의 첫머리는 여러 농부 중에도 힘이 센 농부가 머리에는 가진 상모를 달은 평량자를 쓰고 몸에는 항철익을 입고 기제비가 되고 도한 그와 같이 꾸민 농부가 좌우로 맨 무명줄을 붙잡고 서며 그 뒤에는 영수된 사람이 머리에는 삿갓을 쓰고 몸에 돌통이를 입고 손에는 가래를 쥐고 소를 타고 따르며 영수 뒤에는 집사 된 사람이 역시 소를 타고 따르고 집사 뒤에는 풍물잡이가 따르되 맨 앞에 꽹과리를 잡는 풍물잡이를 상쇠잡이라 한다. 그리고 풍물잡이 뒤에는 무동이 서고 무동 뒤에는 여러 농부가 서고 길군악이라는 풍물을 치면서 행렬을 시작한다. 그런데 큰 규모의 두레논 행렬에는 농기 앞에 곤장 한 쌍이 먼지 나가게 되니 이것은 길을 벽제辟除하고 농기를 경호警護하며 질서를 관속하는 의미다.

이와 같이 농기가 행렬을 해가는 앞에는 누구나 그 행렬을 방해하지 못하는 것은 물론이오 비록 관원이라도 반듯이 거마車馬를 내리어 그 행렬이 지나기를 기다린다. 어떤 관원이라도 농기 앞에 서 가마나 말을 내리는 것은 다만 행렬 앞에만 그려 하는 것이 아니오 농기가 서 있는 곳을 지나는 때도 역시 하마下馬를 한다. 만일 하마를 하게 된 경우에 하마를 안하면 어느 백성은 더 말할 것 없고 관원이라도 봉변을 하려 봉변할지라도 그 농부들을 벌하는 일이 적었으니 그것은 관원이 감수한 까닭이다.

그런데 우리조선에서 농업을 매우 소중이 여기는 만큼 농우農牛와 농기農具를 역시 소중히 여기는 까닭에는 두레논의 정중한 예식을 행하는 경우에는 반듯이 소와 가래 호미 등 농구를 그 예식의 기구로써 쓰게 된 것이다.

대저 옛날 옛적에 우리 조선의 농부들은 농사를 짓는데 필용한 기구가 없었음으로 고생도 많이 하였고 농사에도 해가 된 것이 많았다. 그러다가 신라 유리왕 오년에 이르러서 비로소 쟁기와 가래 등 농구를 만들어 쓰게 되었고 그것이 오늘날까지 전한다. 그 뒤로부터 농구가 얼마나 필요한 것을 많이 깨닫고 농구를 만드는데 힘을 쓰게 된 바 고려 성종왕은 각 지방에 기별하야 예리하지 못한 병기兵器를 모두 녹여 농구를 만들게 하였고 현종왕은 국고금國庫金으로 만들어서 농민에게 나눠준 일까지 있었다. 그리고 소를 농사짓는데 쓰게 한 것은 신라 지증왕 삼년에 비로소 시작하였으니 이것의 조선에 농우가 있게 된 시초이다. 그때부터 농가에서는 손으로 논과 밭을 파든 것을 소에게 장기를 메어서 갈게 하니 얼마나 편리하고 얼마나 유익한 것을 크게 기뻐하였다. 그래서 소중에도 잘 소는 반드시 농우로 뽑아 쓰게 하였던바 이조 세조 때 이르러서는 왕명으로써 의원醫員 네 사람을 시켜 소를 기르는 법과 병을 고치는 법을 연구하고 익히게 되었으니 말하자면 이것이 수의獸醫이었든 것을 알 수 있다.

그런데 두레논의 규모가 매우 큰 경우에는 동리에 명망이 있는 사람들이 찾아 와서 치하하는 것을 물론이오, 그 고을의 수령이나 혹은 감사監司까지도 나와서 여러 농부를 술과 안주로써 크게 호군잔치를 하고 돈이나 곡식을 부조하는 일이 있었다. 이와 같이 관원이 몸소 와서 농부를 위로하는 것은 물론 농사를 권하는 뜻이니 이것은 옛날부터 전해오는 아름다운 풍속 중의 하나이었다.

옛날에는 조정에서 관원을 보내 농사를 권장하는 일이 있었는바 그 관원을 권농사勸農使라 하였다. 나라에서 농사를 권하는 것은 다만 권농사만 보내서 권하는 것이 아니오, 임금이 친히 농촌에 거동하사 농사를 권하는 일도 있었다. 즉 임금이 친히 농촌에 거동하야 농사들 권하기는 신라국 시조 박혁거세왕 때부터이고 농촌에 권농사를 처음 보내기는 신라국 남해왕 때부터 시작하였다. 그런데 임금이 농촌에 방문하기는 봄과 가을의 두 차례로 하였으니 봄에 거동하는 뜻은 농사를 시작함에 있어 부족한 것이 있는가를 살피어 그것을 보충해 주려는 것이오, 가을에 거동하는 뜻은 추수의 형편을 살펴 만일 흉년과 가은 불행이 있는 때는 역시 그것을 보충하려는 것이니 도대체 감사한 것이었다.

두레논 어쨌든 이 두레논의 모든 절차가 잘 준비된 뒤에는 그 위엄이 씩씩한 행렬로써 논에 들어가 일을 시작하되 여러 농부 중에서 목청이 좋은 사람을 뽑어 '얼널루 상사뒤-'라는 곡조로써 농부가를 먹이려 여러 농부가 합창하게 하고 풍물잡이는 풍물을 자지러지게 치고 무동은 그 장단에 맞춰 송화색 수건을 높이 휘날리며 춤을 춘다.

누구나 이 광경을 볼 때에 흥이 겨워 어깨춤을 추지 아니하는 사람이 없다. 그래서 두레논을 시작한 동리는 지극히 화평한 중에서 힘은 덜 드리고 일은 퍽 불게 한다. 그러나 두레논의 규율은 매우 엄하여 그 행호시열이 군대와 다름이 없음으로 필경은 농부를 농군農軍이라고까지 불리게 된 것이다.

풍물쌈-, 이 쌈은 다른 감정에서 나온 것이 아니오 일종 농촌의 예의와 질서의 문제로써 온전히 농기에 관계된 것이다. 이 농기는 그 만든 연대를 따라 먼저 만든 농기를 선생先生기라 하고 다음에 만든 것을 제자弟子기라 한다. 그러므로 제자기가 선생기를 맞날 때는 반듯이 경례를 하는 것이 떳떳한 예의요 또는 질서이다. 그런데 혹시는 제자기임을 불구하고 선생기에 대한 예를 행하지 아니하려는 때가 있다. 이런 경우에 선생기편에서는 먼저 사의로 시비를 가리다가 제자기편에서 이내 듣지 아니하고 떳떳이 황거하는 데는 필경은 불행 육박전이 벌어지게 된다.

아-, 이 풍쟁쌈에는 비록 사람을 죽였다할지라도 살인죄가 성립되지 아니하였으니 이것은 법률이 아직 밝지 못한 탓도 있으려니와 풍쟁쌈은 그만큼 굉장하였다는 것과 또한 편으로는 농부의 기상을 그만큼 고취하였든 것만은 짐작할 수 있는 것이다.

대처 이 두레논의 풍속은 한 동리 혹은 두 돌이가 일치협력하야 그 해의 농사를 짓는 것으로써 과연 공존공영共存共榮의 뜻이 있는 만큼 일종의 좋은 농촌풍속으로서 유지할 필요도 없지 아니하다. 그러나 이 풍쟁쌈만은 그 정신이 아무리 농촌의 예의 질서에 관계된 쌈이라 할지라도 지금 세상에서는 치안 유지라는 말로써 허락할 수 없을 것이다. 그러고저러고 간에 이 풍쟁쌈이라는 것도 없어진 풍속 중에 사라진 지도 이미 오래였다.

3. 장치기[6]

없어진民俗

杖치기

白花郎

現代골프의源始!

우리 조선남아의 유희중에 장
치기라는 것이있섰다。
이 유희는 천년(千年)이 훨신넘
는 력사가 오래인 유희다。
우수(雨水)、경칩(驚蟄) 두절기가
언뜻 지나맺었든 어름이 실음없이
풀니고 천지만물이 새로 화창한봄
철과、하늘은 지극히 높고 말(馬)
은 땅뚱히 살지매 대장부로서 장
차 천하를 횡행할 뜻이있다는상쾌
한 가을철을 당하면 이 근화강산
(槿花江山)의 백의청년(白衣靑年)들
은 사자와같은 용맹한 마
음과 제비와같이 날샌동작
으로써 그 력사적유희인 장차기를
시작하얏다。
이 장치기라는것을 글자대로만본
다면 집행막대이를 서로치는 유희
로써 생각할수있다。
그러나 실상은 집행작대이를치는
것이아니오 공(球)을치는것인바 이
공소 치는법은 공에 손과발을 대는
것은 엄금이오 반듯이 작대기로써 치
는까닭에 일홈을 장치기라하얏다。
◇
그런데 이 장치기는 건전한 여러남
아가 한곳에모아서 맛처 호방이가
날뛰고 룡이뛰트는듯한 형세를 일우
는 경기(競技)가되매 그장소는 좁은
곳은 용무지지(用武之地)가 분명아니
어서 흔니는 큰나른벌판을 찾었으니
이것은 지금과같이 일정한 운동장
의설비가 없었든까닭이었다。
맛당한 장소를 정한뒤에는 그장
소 한복판에 구멍이를파고 그 구
멍이로부터 좌우에 똑같은거리를 정
하고 그거리끝에는 금(線)을 거니
그 구멍이는 경기를 시작하는 기점
(起點)은 정한것이오 그끝은 경기
를맛추는 종점(終點)을정한것이다。

1) 현대現代골푸의 시원始原

우리 조선 남아의 유희 중에 장치기라는 것이 있었다. 이 유희는 천년이 훨씬 넘는 역사가 오래인 유희다. 우수, 경치 두 절기가 언뜻 지나 매었든 얼음이 실음 없이 풀리고 천지 만물이 새로 화창한 봄철

6 白花郎, 「없어진 民俗 杖치기」, 『朝光』 2권 4호, 1936. 4, 221~225쪽.

과 하늘은 지극히 높고 말은 토실토실 살찔 때 대장부로서 장차 천하를 횡행할 뜻이 있다는 상쾌한 가을철을 당하면 이 근화강산槿花江山이 백의청년들은 사자와 같은 용맹한 마음과 제비와 같이 날쌘 동작으로써 그 역사적 유희인 장치기를 시작하였다. 이 장치기라는 것을 글자대로만 본다면 집행 막대기를 서로 치는 유희로써 생각할 수 있다. 그러나 실상은 지팡이 작대기를 치는 것이 아니오 공을 치는 것인바 이 공을 치는 법은 공에 손과 발을 때는 것은 엄금이오 반드시 작대기로 치는 까닭에 이름을 장치기라 하였다.

그런데 이 장치기는 건전한 여러 남아가 한 곳에 모아서 마치 호랑이가 날뛰고 용이 나르는듯한 형세를 이루는 경기가 되매 그 장소는 좁은 곳은 용무지지用武之地가 분명 아니어서 흔히는 넓은 벌판을 찾았으니 이것은 지금과 같이 일정한 운동장의 설비가 없었든 까닭이었다. 마땅한 장소를 정한 뒤에는 그 장소 한 복판에 구덩이를 파고 그 구덩이로부터 좌우에 똑같은 거리를 정하고 그 거리 끝에는 금線을 긋고 구덩이는 경기를 시작하는 기점을 정한 것이오, 그놈은 경기를 맞추는 종점을 정한 것이다.

이와 같이 장이 정돈되면 양편의 선수가 입장하되 먼저 양편 중에서 한 사람씩을 뽑아 입장케 하니 이것은 당일 경기의 편장便長이 되는 선수이다. 두 편장은 그 경기의 기점인 구덩이에 이르러 구덩이 속에 공을 지어 넣고 공채를 머리 위까지 높이 들어 넣고 열십자형상으로 엇대고 서로 정숙하게 서 있고 다른 선수들은 상대편으로 공을 보내지 아니하고 자기편으로 공을 빼서오기에 유리하도록 진형을 벌리고 선다. 그런 뒤에는 심판 격으로 있는 사람이 하나, 둘, 셋의 번호로써 신호를 하든지 그렇지 않으면 공체를 공중에 던져 그것이 땅에 떨어지기를 기다리고 비로소 두 편장이 구덩이 속에 들은 공을 공채 끝으로 구덩이 밖으로 꺼내니 이것이 즉 장치기의 시작이다. 그런데 이 구덩이는 그 깊이를 보통으로 다섯 치가량이나 깊이 판 것이므로 그 속에든 공을 공채 끝으로 끌어내기란 과연 용이치 아니한 일이다. 그래서 두 편장이 서로 자기 앞으로 꺼내려고 복대기를 치는 때에 구덩이 속에 있는 공은 요리 저리 도리짓을 거듭하게 되고 그 공을 기다리는 다른 선수들은 마음을 조이고 있게 된다.

그런데 이 장치기는 단 한가지로써 승부를 내는 것이 아니오 그 규정이 되어 있는 여러 가지의 종류를 순서대로 마친 뒤에야 비로소 승부를 결정하게 된다. 즉 맨 처음에는 직장直杖이라는 것이니 이것은 우에서 말한 바와 같이 구덩이 속에든 공을 공채를 꼿꼿이 쓴다 하여 직장이라 하였다. 이 직장 한판의 승부가 난 뒤에는 둘째로는 소위 '딴장'이라는 것이 시작되니 이 딴장도 물론 직장을 시작하든 구덩이를 중심에서 두 편장이 공을 공중에 던지고 그 공이 당에 떨어지기 전에 공채로서 받아서 다만 공중으로만 자기편으로 보내는 것이다. 이 딴장이라는 것은 즉 공중의 경기라는 듯이니 공중의 경기가 되니만큼 만일 공중으로부터 내려오는 공을 미처 받지 못하여 공이 떨어진 때는 그 공에 떨어진 자리에서 다시 공을 공중에 던지고 그것을 받아 치는 것이다. 딴장은 이와 같은 규칙으로 치는 까닭에 능란한 선수가 모아서 치는 때는 공이 공중에서 떠돌아 땅에 떨어질 사이도 없고 또는 한편으로 그렇게 쉽사리 나가지도 못함으로 그 광경이 과연 볼만한 큰 기예技藝이었다. 그런데 이런 방법으로 딴장이 끝 난 뒤에는 셋째로는 소위 '돌장'이라는 것을 시작한다.

이 돌장이라는 것은 공을 구덩이에 넣은 뒤에 두 편장이 그 구덩이 평, 자기자리에서 공채를 옆구리에 꼿꼿이 세워 끼고 몸을 한 번 빙그레 돈 뒤에 공을 맨 처음에 시작한 직장과 같이 꺼내는 것인바 이

돌장에 제일 진한 것은 그 공을 빨리 꺼내는 것은 물론이거니와 몸을 날쌔게 돌리는 것이니 그것은 다름이 아니라 서투른 사람은 별로 큰 차이가 없으되 워낙 익숙한 사람이면 몸을 빨리 돌고 둔하게 돈 것에 따라 공을 매끼는 수가 있는 까닭이다. 그리고 돌장이라는 뜻은 몸을 한 번 돌고 친다는 것을 일컬음이다.

이러한 여러 가지가 종류를 다 마친 뒤야 어느 편에서 몇 가지를 이기고 어느 편에서 몇 가지를 진 것을 따라서 최후의 승부를 결정하는 바 이 장치기의 종류는 일정하지 아니하여 지방 지방마다 다르나 보통으로는 연종류이오 그 연종류 중에서도 또한 지방을 따라 약간 다른 것도 있고 같은 종류라도 치는 순서를 바꾸는 수도 있다. 마치 이 장치기를 요사이 유행하는 경기에 비교하건대 그 치는 법으로 보아서는 골프와 같은바 장치기의 공채는 지금 골프체와 같이 미술적으로 값을 많이 들여 만든 것이 아니오 혹은 참나무 밤나무 등 장목으로 끝이 구부러진 작대기이다.

다음에 장치기의 진형을 벌린 것으로 보면 지금의 축구와 같은 장기에 쓰는 공은 정구, 야구, 축구 등 경기에 쓰는 공과 같은 하이칼라 공이 아니오, 소나무의 큰 마디를 둥글둥글하게 깎아 놓은 것이니 장치기의 체와 공은 그 모양 그대로 고풍이 진진한 것이 한 특색이라 할까?

아직 못게라- 지금의 축구와 골프가 우리 조선이 장기로부터 조금씩 변하여 된 것이 아니런가하는 생각이 된다. 그런데 도대체 이 장치기는 어느 때부터 시작이 되었으며 어떠한 변천을 밟아 온 것인가?

2) 고대무예古代武藝의 일종一種

원래 공을 희롱하는 유희는 신라의 풍속이었다. 그런데 이 풍속의 유전을 가장 즐겁게 받고 스스로 힘을 더욱 쓴 것은 거란이었다. 거란은 본시 북방 선비鮮卑의 종족으로서 고구려 말년까지에는 그 서쪽 지방인 요수 상류 근처에 응거하고 있다가 고려 태조가 건국하기 조금 앞서 강대해야 하며 발해를 꿀떡 삼키고 그곳에 동단국東丹國이라는 이름으로 작은 나라를 새로 만들게 되었다. 이와 같이 거란 사람들은 북방의 기상을 받아 타고나니 만큼 그 천품과 골격이 몹시 강할 뿐만 아니라 무풍을 즐겨하는 특성이 있었다.

그래서 그들 사이에는 아직 못하는 중에 자연히 여러 가지의 무기가 발달된 것도 있고 또는 무기를 쓰는 기능도 비범하였다. 그 중에도 공을 치고 창을 쓰며 말을 달리는 것은 오직 전쟁에 쓰려는 훈련으로만 힘을 쓴 것이 아니오 사회의 한풍속이 되었고 개인의 한 취미가 되었다.

그런데 거란은 고려와 이웃이 되어 혹은 평화로 혹은 전쟁으로 자조 접촉이 되고 그와 같이 접촉이 됨에 따라 두 나라의 문물이 부지중에 바뀌는 것도 적지 아니하였다. 그러는 중에 거란 사람들의 큰 재조요, 풍속이 되어 있는 공치기와 창던지기와 말달리는 기술이 고려에 들어오게 되었다. 이에 고려 태조 이하 제왕이 그 세 가지 기술을 국민의 기상을 돕고 또는 무풍武風을 조장할 때는 유희로 널리 권장하였다.

그런데 특히 숙종왕 때에 이르러서는 그 세 가지 기술을 다만 유희로써만 연하는데 고친 것이 아니오 그것으로써 무풍을 도와 뒷날 나라에 큰 일이 있는 때에 실지로 그 용기와 기술을 이용하기로 하였으니 이것은 윤원수의 헌책이었다. 다시 말하면 윤원수가 일찍 숙종의 명을 받아 동여진東女眞을 치고 돌아와서 '우리나라의 보병으로는 여진의 기병을 대적할 수 없으니 속히 기병을 양성하야 국가의 근심을 덜게 하소서'하는 헌의獻議를 숙종왕께 용납하셨다. 그리하여 윤원수는 즉시 무반을 새로 세우고 조정의 문무제신은 물론이요 여항의 백성까지 말을 타는 기술을 가르쳐 자기의 말이 있는 사람은 신기神騎라 하고 자기의 말이 없는 사름은 신보神步라하야 신기와 신보의 구별을 따라 벼슬을 차별하고 또는 이 십 살 이하 남자로 아직 과거를 못한 남자는 모두 신보에 부쳐 장차 신기가 되도록 장려하였다.

윤원수가 이와 같이 먼저 기마술로써 국민개병주의國民皆兵主義를 실현하는 동시에 또한 공치는 법을 장려하야 투창술投槍術에 이용하기로 하였다. 그래서 당시의 고려의 남자치고는 말 탈줄 모르는 남자가 없었고 공을 칠줄 모르는 남자가 없었다. 그러다가 숙종왕과 같은 영걸한 임금이 봉어하시고 윤원수와 같은 큰 인물이 세상을 떠나 때 고려국면의 기상을 씩씩하게 떨치든 말달리기와 공치기 그것도 다시 일종의 장난거리로 타락이 되었다.

그런데 의종왕 때에 이르러서는 왕이 특히 공치는 것을 재미롭게 여기어 궁중 안에 공치기를 만들어 놓고 젊은 신하로 하여금 공을 치게 하니 공을 치는 둣이 옛날과는 판연히 달랐으나 그래도 그 중에는 잊지 않게 되었는바 당시 고려천지를 흔들어 놓든 최충현의 아들인 최우가 그 아비의 세도를 이어가지고 가진 고강을 할 때 그 공치기의 유희가 우선 임금이 좋아하실 뿐 아니라 과연 보기에도 유쾌함으로써 풍경이 좋은 곳에 공터를 크게 닥고 또는 그 공치는 것을 편히 구경하기 위하야 한편에 훌륭한 주란화각을 지었다. 그러고 최우는 때때로 그 정자에 잔치를 베풀고 노소대관老小大官을 청하여 공치는 구경으로써 취흥을 돕게 하였다. 그뿐 아니라 최우는 공을 잘

치는 자를 뽑아 상도 주고 벼슬도 시켰다. 그래서 공을 치는 자가 날로 늘어가게 되었으니 이 공치기는 옛날은 무사도의 한 무예로 그 정신이 위대하였다가 최우의 앞에서는 다만 취흥을 도움이 아니면 벼슬을 낚시질하는 미끼로 변하였으나 이것이 장치기의 근원이 되었다.

3) 초동유희樵童遊戱로 종막終幕

이상理想이 깊었든 장치기도 차차 나라의 형세가 쇠잔하야지고 사람의 사상이 부패해 가던 고려의 중엽시대로부터 똑같이 평행선으로 타락이 되어 오다가 필경은 고려 말년에 이르러는 그 말년의 기풍紀風과 함께 더욱 여지가 없게 되었다.

그러나 이조에 들어와서도 고려와 이조의 경계선이 그렇게 먼 것이 아니었어도 이 만큼 장치기의 유풍도 역시 이조의 한 풍속으로 그 경계선을 넘어들어 오게 되었다. 대개 이조의 창업 초에는 고려의 폐풍을 고치기에 힘을 쓰든 시대이라 타락의 길에서 헤매던 장치기도 역시 신흥정책으로 고치려는 폐풍에 들어가서 다시 뜨거운 불에 풀무질을 당하게 될 운명이었으나 이 장치기는 폐풍이 있다고 할지라도 이것 이 장차 나라를 다스리려는데 대하야 그렇게 크나큰 관계와 영향이 없는 것임으로 당시의 정치가들은 장치기에 대해서 '있으면 있나 보다, 없으면 없나 보다'하는 태도를 가지게 되었다.

그러나 종래보다 눈에 띠게 달라진 것은 장기를 할지라도 옛날과 같이 국민의 기상을 높이는데 가장 필요한 것으로 생각하는 것과는 딴판이 되었고 또는 최우와 같이 술좌석의 유희물로 생각하는 것과도 달라진 것이다. 그럼으로 이조에 들어선 장치기는 이것도 못되고 저것도 못 되었으나 그 유흥만은 남아 있게 되었음으로 필경은 딴 길로 떨어져 나가게 된 것이다. 이제 다시 장치기가 생긴 것과 그 동기를 돌이켜 생각할진데 우선 시일時日로 보아서 천년이 넘은 역사가 있을 뿐 아니라 그 이상이 심상치 아니하였다.

4장
근대에 성격과 기능이 변한 놀이문화

1. 줄다리기

1) 줄다리기 본연의 성격

역사를 고증할 수 있는 문헌 자료가 부족한 연유로 줄다리기가 언제 어디에서 처음 행해졌는지를 정확히 알 수는 없다. 다만 오늘날 우리나라를 비롯해 동남아 일대에서 전승되고 있는 줄다리기는 중국에서 먼저 시작되던 것이 후대에 우리나라를 비롯해 일본과 동남아 지역으로 전파되었다고 보는 것이 일반적인 견해다.

이러한 일반적인 견해와 달리, 김광언은 줄다리기가 동남아시아에서 비롯되었다는 설을 제기한 바 있다. 그는 동남아시아 지역, 그 중에서 특히 동남아시아의 도작문화稻作文化 지역을 줄다리기 기원지로 보고 있는데, 이들 지역의 줄다리기를 다음과 같이 소개한 바 있다.

> 인도네시아, 라오스에도 비슷한 풍속이 있는데 봄에 파종하기 전에 날을 택하여 저녁에 남녀가 따로 줄을 이루어 뱀춤을 춘다. 이 때 여자 팀은 남자의 동작을 모방하는데 이는 비가 태양을 몰아낸 것을 상징하는 것으로 이후에 줄다리기를 거행한다. 이들도 또한 여성팀이 이겨야 풍년이 든다고 믿는다.[1]

---

1 김광언, 『동아시아의 놀이』, 민속원, 2004, 598쪽.
김태규 역시 이 부분에 대해 아래와 같이 자세하게 언급한 바 있다.
줄다리기는 한국에만 분포하는 것이 아니다. 수도재배권에 공통적으로 분포된 점세적(占歲的) 농경의례로서 남중국이나 일본 열도의 관동 동부와 서부, 동남아, 유구에 분포하고 있다. 중국에서는 호남, 호북성 방면에서 성행한 것으로 알려져 있는 것으로 보아 양자강을 따라 그 하구 지역까지 분포되어 있었던 거 같고 동남아, 오세아니아 지역까지 분포하고 있다. 특히 일본에서는 줄다리가가 벼농사 발상지로 생각되는 구주(九州)지방 일대에 밀접되어 있다(김택규, 『한국 농경세시의 연구』, 영남대출판부, 1985, 227~229쪽).

위의 견해가 지배적인 학계에서 임장혁은 「전통 스포츠로서 줄다리기의 역사」(2009)에서 우리나라의 줄다리기 기원설에 대해 새로운 의견을 제시하였다. 그는 오늘날 한국에서 행해지고 있는 줄다리기는 외부에서 우리나라로 유입된 것으로 보는 것도 중요하지만, 줄다리기가 우리나라에서 자생적으로 발생했을 가능성도 배제할 수 없음을 강조하고 있다. 특히 줄다리기 기원 문제는 기존의 연구 방식에서 탈피하여 농경문화적 요소를 감안하여 한국 줄다리기의 발생 문제를 접근해야 올바로 줄다리기의 기원 문제가 해결될 수 있을 것으로 보고 있다.[2] 임장혁은 줄다리기의 농경문화적 요소를 재차 강조하면서 줄다리기의 기원과 발생과정에서 줄다리기에 사용되는 재료인 볏짚을 주목하고 있는데, 벼 수확에 낫의 사용이 본격화되면서 자연스럽게 볏짚이 생겨나면서 줄다리기가 발생되었을 가능성이 있다는 것이다. 이러한 관점을 토대로 조선 초기에도 소규모 형태의 줄다리기가 있었을 가능성이 높은 것으로[3] 그는 보고 있다.

---

2 임장혁, 「전통 스포츠로서 줄다리기의 역사」, 『한국체육사학회지』 14권1호, 한국체육사학회, 2009, 107~108쪽.
한편, 줄다리기의 기원이 농업을 바탕으로 한 향촌사회의 발달과 관련성이 있다는 점에서 보면 줄다리기가 본격적으로 시작된 것은 조선후기다. 다수의 연구자들도 줄다리기가 본격적으로 시작된 시점이 조선후기라는 점에는 큰 이견은 없다. 그러나 줄다리기가 그 이전에 있었을 가능성 역시 적지 않다. 줄다리기의 다른 명칭인 '葛戰'에서 알 수 있듯, 줄의 재료가 볏짚이 아닌 葛(칡줄기)이라는 점에서 볼 때 본격적으로 벼농사 있기 전에도 칡 등을 엮어 줄을 만들어 줄다리기를 했을 가능성이 높기 때문이다. 물론 그 이전의 자료가 불충분한 관계로 그 실상에 대해서는 알 수 없다. 다만 앞서 중국 측 사례에서 알 수 있듯 초창기 줄다리기의 모습은 군인들의 협동심을 길러주기 위해 마을이 아닌 군대에서 훈련을 목적으로 행해졌을 것으로 보인다.

3 임장혁, 위의 논문, 108쪽.
반면 김세중은 줄다리기의 기원을 신라까지 소급하고 있다(김세중, 「민속조사보고서-경남 영산지방을 중심으로-」, 『우리문화』 1, 전국문화원연합회, 1966). 그리고 이동철은 우리나라의 줄다리기는 전파론적인 입장에서 볼 때 최소한 15세기 또는 그 이전부터 있었을 가능성이 높은 것으로 보고 있다(이동철, 「과천게줄다리기의 전설과 놀이의 전승 양상」, 『비교민속학』 30, 비교민속학회, 2005).

줄다리기의 기원 문제에 대해서는 보다 많은 논의가 필요하겠지만, 줄다리기의 기원과 본래의 성격을 밝히기 위해서는 앞서 임장혁이 언급하고 있는 바와 같이 줄다리기가 농경문화와 밀접하게 관련되어 있다는 점을 주목해야 한다.[4] 아울러 줄다리기는 개인놀이와 달리 여러 사람이 참여하는 대동놀이라는 점 역시 간과해서는 안 된다.

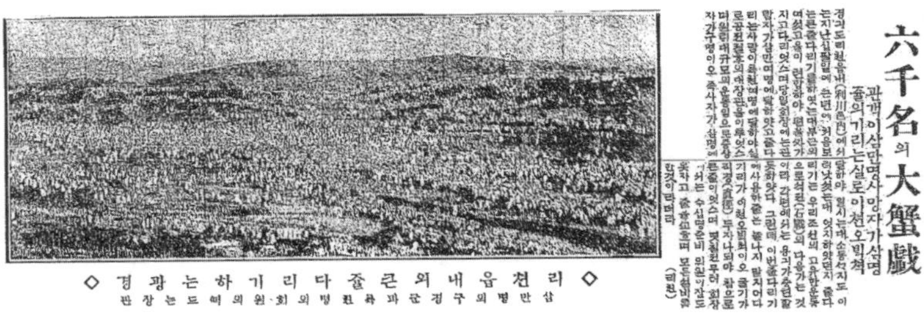

오늘날까지 전해오는 줄다리기는 성격과 목적에 따라 다양한 양상을 지니고 있다. 기지시와 영산에서 행해지는 줄다리기와 같이 축제적 성격이 짙은 줄다리기를 비롯해, 마을굿의 마지막 과정에서 편을 나눠 당기는 줄다리기, 초등학교 운동회에서 행해지는 줄다리기, 그리고 체육대회와 같이 단합대회 등 친목 도모를 목적으로 행하는 줄다리기 등 어떤 목적으로 줄을 당기느냐에 따라 여러 성격의 줄다리기가 전해 오고 있다.

---

4 줄다리기가 농경문화적 요소가 강하다는 사실은 부정할 수 없지만, 오늘날 줄다리기가 전승되고 있는 지역이전라도 해안 지역에서도 두드러지게 나타나고 있다는 사실을 놓고 본다면, 줄다리기의 기원은 다른 관점에서 고민해 볼 수도 있을 것이다. 하지만 줄다리기에 사용되는 줄이나 암수 결합을 통한 풍농을 기원하는 의미가 강하다는 점에서 보면 줄다리기가 농경문화적 성격을 바탕으로 전승되어 왔음을 유추해 볼 수 있다.

다양한 형태로 오늘날까지 전해오고 있음에도 불구하고, 기원 문제를 밝히는 과정에서 언급했던 바와 같이 줄다리기의 본래의 성격은 농경문화를 토대로 한 마을 공동체와 관련돼 있다는 점을 주목해 한다.[5] 따라서 줄다리기의 본래의 성격은 농사일의 과정에서 마을 주민들의 기원과 바람을 주술적으로 해결하기 위해 시작되었을 가능성이 높다.[6] 이런 점에서 보면 오늘날 흔히 볼 수 있는 놀이를 목적으로 하는 줄다리기보다 줄을 당기면 무언가를 해결할 수 있다는 주술성을 지닌 줄다리기가 먼저 시작된 것으로 볼 수 있다.[7] 최남선이 "줄다리기는 기풍祈豊 또는 점풍占豊이 극히 원시형태의 소박한 행사"[8]라고 언급한 내용을 통해서도 이를 확인할 수 있다.

주술성을 지닌 줄다리기는 몇 가지 양상으로 다시 정리할 수 있다. 오늘날 전라도 지역의 줄다리기에서 확인할 수 있는 남녀가 서로 편을 나눠 여성이 이겨야 풍년이 든다는 것(기풍祈豊), 비가 오지 않으면 마을 주민들이 모두 모여 줄을 당겼다는 사례(기우예방祈雨豫防), 마을

---

5 이에 대해 표인주 역시 줄다리기가 벼농사와 관련된 것으로 보면서 한국에서는 주로 한강 이남 지역에 분포하고 있다고 언급하고 있다(표인주, 「영산강 유역 줄다리기문화의 구조적 분석과 특질」, 『한국민속학』 48, 한국민속학회, 2009, 304쪽).

6 송석하는 이러한 성격에서 크게 占豊 , 祈豊, 辟邪進慶(招福除災) 성격이 본래의 성격이고, 그 중에서도 기풍적 성격이 보다 두드러졌음 강조하고 있다(송석하, 「조선의 줄다리기에 대하여」, 『송석하의 재음미』, 국립민속박물관, 2006, 169쪽).

7 표인주는 줄다리기의 주술성을 보다 구체적으로 성신앙과 용신앙으로 구분하면서 성신앙에서 출발하여 후대에 용신앙이 첨가된 것으로 보고 있다. 그가 이야기 하고 있는 성신앙은 줄다리기를 통해 남녀가 결합하여 풍농을 기원하는 것이고, 용신앙은 바로 농사일에 필요한 물의 풍요를 기원하는 것이다. 그가 줄다리기는 원초적인 신앙은 성신앙이었는데 후대에 벼농사가 산도(山稻)경작에서 수도(水稻)경작이라는 농경법으로 바뀌면서 용신앙이 후대에 첨가된 것으로 보고 있다(표인주, 앞의 논문, 307~308쪽).

8 최남선, 『朝鮮常識 朝鮮風俗集』 第2板, 東明社, 1948, 31쪽.

의 나쁜 액을 쫓기 위해 줄을 당기는 것(재액퇴치災厄退治)[9] 등이 주술성을 지닌 줄다리기로 볼 수 있다.[10] 이러한 줄다리기는 오늘날 체육대회와 운동회에서 행해지는 줄다리기와는 많은 차이를 보인다.

주술성을 지닌 줄다리기에서 주목해야 할 것 중에 하나는 기우제의 하나로 행해졌던 줄다리기다.[11] 기우제의 일환으로 줄다리기를 했다는 사례는 비교적 여러 지역에서 확인된다. 과거 울산과 진주에서는 한재旱災가 들면 밤중에 줄다리기를 하였다고 한다.[12] 진주의 문산·진양 마을에서는 기우제와 관련된 줄다리기를 매년 했던 것이 아니라, 비가 오지 않으면 일정한 날을 잡아 줄다리기를 하였다. 문산

---

9 경북 청송군에서는 흉년으로 짚을 구할 수 없어서 줄당기기를 하지 않았더니 마을 앞 냇가에 와하면서 줄 당기는 소리가 매일 밤 들렸다. 이상하게 생각한 마을 사람들이 칡을 걷어서 줄을 만들어 당겼더니 이상한 소리가 들리지 않았다(한양명, 「줄당기기의 주술-종교적 성격과 기능체계」, 『민속놀이와 민중의식』, 민속학회 학술총서1, 집문당, 1996, 370쪽).
마을의 변괴가 있을 때 재난을 몰아내고 예방하기 위해 줄을 다렸던 측면도 배제할 수 없다. 기지시 줄다리기가 바로 후자에 해당하는데 그 내용을 간략하게 언급하면 다음과 같다.
기지시에서 줄다리기가 시작된 동기는 상당히 오랜 시일부터 시작이 됐습니다만은 450년 전에 이 고장에 한나루가 있어서 한나루가 하루 아침에 육지가 바다로 변하는 바람에 인명피해와 가진 유언비어, 인심이 혼란해서 이루 헤아릴 수 없었습니다. 그 때에 이 고장에 오구 가는 선인들이 지리학에 능하고 철학에 능한 천인들이, "이 고장은 줄을 다려서 민심을 단합해야만이 안정된 사회를 이룩한다."해서 동기가 된 것입니다〈이우영(남·65), 1980. 5. 28, 인권환·윤석달·양희찬 조사(한국정신문화연구원, 『한국구비문학대계』 4-1(충남당진군편), 1980)〉.

10 줄다리기의 주술성은 이런 부분 이외에도 다양한 양상에서 살펴볼 수 있다. 이기편의 줄을 끓여 마시면 아들을 낳는다는 속설이나, 논에 이긴 편의 줄을 거름으로 주면 풍년이 든다는 사례 등이 대표적인 사례다. 또한 소에게 이긴 편의 줄을 잘게 썰어 먹이면 소가 잘 큰다는 사례 등이 모두 주술성과 관련이 있다(장주근, 「줄다리기에 대하여」, 『한국문화인류학』 창간호, 한국문화인류학회, 1968, 참조).
또한 기지시 유래에 대해 비교적 자세히 언급하고 있는 이인화는 지네형국인 기지시 지역을 다스리기 위해 줄다리기를 했다는 사례도 주술성을 지닌 줄다리기로 볼 수 있을 것이다(이인화, 「중요문화재 제75호 기지시 줄다리기 유래 재검토」, 『실천민속학』 13, 2009).

11 송석하는 기우제와 관련된 미얀마의 줄다리기를 이야기 하면서 미얀마의 줄다리기가 비를 오게 하기 위하여 행하는 주술적 의식인데, 이런 면에서 보면 조선의 줄다리기에 매우 근접한 것으로 언급하고 있다(송석하, 「조선의 줄다리기에 대하여」, 『송석하의 재음미』, 국립민속박물관, 2006, 166쪽).

12 임장혁, 「기우제고」, 중앙대 석사학위논문, 1985, 34쪽.

지역에서는 이 지역을 대표하는 하천인 문산천이 바닥이 보일 정도로 가뭄이 극심하면, 마을 사람들이 모여 회의를 한 다음 줄다리기를 했다. 이 지역에서는 이러한 줄다리기가 60년대 중반까지 계속되었는데, 당시만 하더라도 줄다리기가 큰 규모로 열렸다[13]고 한다.

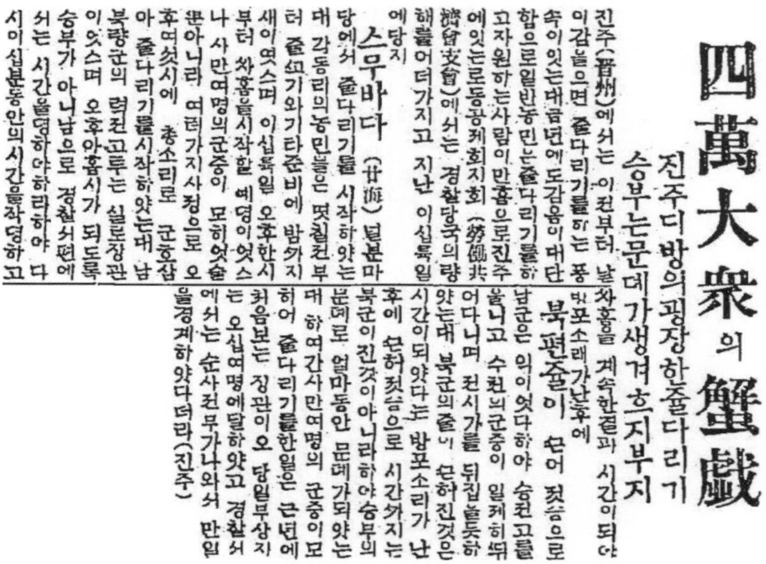

四萬大衆의 蟹戲

진주디방의굉장한줄다리기 승부는문뎨가생겨흐지부지

진주(晋州)에서는 이전부터 이감놀으면 줄다리기를하는 풍속이잇는대금년에도감옴이대단함으로일반농민는줄다리기를하고자원하는사람이만흠으로진주에잇는로동공졔회지회(勞働共濟會支會)에서는 경찰당국의량해를어더가지고 지난 이십륙일에당지

스무바다 (廿海) 벌판마당에서 줄다리기를 시작하얏는대 각동리의농민들은 몃칠전부터 줄쬬기와기타준비에 밤까지새이엿스며 이십륙일 오후한시부터 싸홈을시작할 예뎡이엿스나 사만여명의군중이 모히엿슴뿐아니라 여러가지사졍으로 오후여섯시에 총소리로 군호삼아 줄다리기를시작하얏는대 남북량군의 려전고투는 실로장관이엿스며 오후아홉시가 되도록 승부가 아니남으로 경찰서편에서는 시간을뎡하야하라하야 다시이십분동안의시간을작뎡하고 날 싸홈을 계속한결과 시간이되야 밧포소래가난후에

북편줄이 끈어 젓슴으로 남군은 익이엇다하야 승전고를 울니고 수천의군중이 일제히뛰어다니며 전시가를 뒤집을듯하얏는대 북군의줄이 끈허진것은 시간이되얏다는 방포소리가 난후에 끈허졋슴으로 시간까지는 북군이진것이아니라하야승부의 문뎨로 얼마동안 문뎨가되얏는대 하여간사만여명의 군중이모히어 줄다리기를한일은 근년에 처음보는 장관이오 당일부상자는 오십여명에달하얏고 경찰서에서는 순사전부가나와서 만일을경계하얏다더라(진주)

기우제와 관련된 줄다리기는 오늘날까지 보편적으로 인식하고 있는 기풍을 목적으로 하는 줄다리기보다 먼저 시작되었을 가능성이 높다. 그것은 앞서 진주의 문산 지역 사례에서도 엿볼 수 있듯이 비교적 비세시적非歲時的으로 행해졌다는 점과 관련이 있다. 오늘날 경

---

13 박성석, 「경남지역 "줄다리기 놀이"에 대하여」, 『경남문화연구』18, 경상대 경남문화연구소, 1996, 148쪽.

기도와 전라도 여러 지역의 마을굿 과정에서 볼 수 있는 줄다리기 대부분이 세시적歲時的 성격을 지니고 있는데, 이런 줄다리기가 있기 이전만 하더라도 비세시적 성격의 줄다리기가 먼저 행해졌을 가능성이 높기 때문이다. 좀 더 구체적으로 정리하면 본래의 줄다리기는 오늘날과 같이 정월 대보름, 혹은 단오·추석 등 특정한 날에 행해지기 이전에는 불규칙적으로 행해졌을 가능성이 적지 않다.[14]

결국 줄다리기 본래의 성격은 주술성이 강한 줄다리기로 볼 수 있다. 주술성이라는 부분은 기우와 기풍 중 어떤 것이 먼저 시작되었는지에 대해서는 논란의 여지가 있겠지만, 중요한 사실은 줄다리기는 본래 주민들이 바라는 무언가를 해결해주기를 바라는 마음에서 시작되었다는 것이다. 그렇다고 해서 이러한 줄다리기가 우리나라에서만 행해진 것은 아니다. 도작문화稻作文化와 관련된 동남아 일대에서도 집중적으로 보인다는 점에 이것이 줄다리기 본래의 성격이 아닌가 싶다. 물론 줄다리기의 주술성이 이러한 목적 이외에 또 다른 목적이 있을 수 있다는 점도 결코 배제할 수 없다.[15]

2) 근대 이전의 줄다리기 성격

농경문화와 관련된 주술적 성격의 줄다리기는 시간이 지나면서 점차 다양한 성격을 지닌 줄다리기로의 변화를 하게 된다. 본연의 성격

14 이것은 기우제뿐만 아니라 재액퇴치를 목적으로 행해졌던 줄다리기도 비슷한 양상을 지니고 있을 것으로 이해할 수 있다. 다만 줄다리기가 농경문화적 성격을 지니고 있다는 점에서 볼 때 이런 양상은 여러 가지 복합적 이유 중에 하나로 인식되어 오늘날까지 이어져 오고 있는 것으로 볼 수 있을 것이다.

15 줄다리기 기원 문제를 보가 구체화하기 위해서는 농업의 역사, 그 중에서도 농업기술의 변화 과정을 토대로 살펴볼 필요가 있다. 즉 이앙법의 등장이나 볏짚의 활용이 보편화 된 시점 등과 줄다리기의 기원이 일정 부분 관련성을 가지고 있을 것으로 보이기 때문이다. 이 부분은 추후 보완토록 하겠다.

이 변화된 연유는 다양한 관점에서 고민해 할 수 있다. 그 중에서도 인간의 사고와 과학의 발달 등으로 인해 자연스레 주술적 성격이 약화됐다는 점을 주목해 봐야 한다.

우리나라에서 줄다리기가 언제부터 시작되었는지에 대해서는 보다 많은 논의가 필요하지만, 조선 후기, 그 중에서도 상업 자본이 대두되고, 이앙법과 같은 발전된 농업 기술이 등장하면서 새로운 성격의 줄다리기가 생겨났을 가능성이 높다. 조선 후기에 등장했을 것으로 보이는 새로운 성격의 줄다리기는 오늘날에도 볼 수 있는 대동단결을 목적으로 하는 줄다리기로 보인다. 이앙법의 등장으로 공동의 노동력이 집중적으로 요구되면서 이러한 줄다리기가 등장한 것이다.

月光아래 "줄다리기"

洞里다르면兄弟도敵

【密陽】 밀양지방에는 과거 수十년이래로 전부민이 모혀 줄다리기를 한다. 그시기는 언제든지 정월보름 달밝은때인데 그줄다리기를 밀양읍에서 한번 성교하면 경상남북도 각처에서 구경꾼수만 명이 모여들고 각촌락에서는 동리마다 풍물(風物)을 치고 큰기빨을 날리며 라팔과 고동을 불고 굉장한 기세를 올린다. 모이는사람들을 동서(東西)지방별로 나누고 주최측은 백주(白酒)한말씩을 의례히 주는것이다. 그술이 끝난후 승전을 축하하는 요란한 쇠를 치다가 해가 거진 질지음 수만명이 동서로 편을지어 줄다리기를 시작한다. 친형제간이라도 동리가 다르면 이때만은 이후 평생이 니불듯이 눈에 피줄을 올리고 싸우는것이다. 경기의 규정은 어느편이던지 몇하정한 경계까지 줄을 끌리어가든지 또는 어느편줄이 끈허지면 승부결정이 되는것인데 몇시간을 다리든지 승부는 담입로 내인다.

이에 우승한 편은 대장이 말에 놓히앉어 춤을추며 개선가를 부른다. 패한편은 줄도만지지못하고 이 다라나버리는데 그중에는 땅을두드리고 대성통곡을하는 사람도있다. 이것이 밀양의 유명한정초노리줄다리기다.

洞里끼리對抗의 密陽줄다리기

이러한 성격의 줄다리기는 농민들 상호간의 단결성만을 목적으로 행해졌던 것만은 아닐 것이다. 명확하게 구분할 수는 없지만, 당시 행해졌던 줄다리기는 놀이성과 주술성 등이 혼합된 형태일 가능성 높다. 이 시기에 오면서 농업을 기반으로 한 향촌사회에서 공동제의라 할 수 있는 마을굿이 일정한 체계를 잡고 진행되었다는 점에서도 이를 유추해 볼 수 있다. 그리고 당시의 줄다리기는 주민들이 볏짚을 걷어 함께 줄을 제작하고, 제작된 줄을 당겨 한 해의 풍년을 빈 다음, 줄다리기가 끝나면 신명나게 노는 형태였던 것으로 보인다.

결국 근대 이전인 조선 후기의 줄다리기는 주술성은 이전에 비해 다소 약해지고, 대동단결성 혹은 대동놀이성이 부각되기 시작한 것으로 정리할 수 있다. 다시 말하자면 이앙법의 등장으로 농사일에 공동의 집약 노동이 필요함에 따라, 자연스레 두레패[16]와 마찬가지로 기의 주술적 성격을 지닌 줄다리기와 다른 형태로 변화되었다. 마을 구성원 간의 단합을 목적으로 하는 동시에 놀이적 성격이 가미된 줄다리기였을 가능성이 있다. 하지만 기존의 주술성을 지니고 있던 줄다리기가 이 무렵에 오면서 사라진 것은 아니다.

주술성이 강했던 줄다리기가 변화되기 시작한 조선 후기는 앞서 간략하게 언급했던 바와 같이 향촌 사회가 일정한 틀을 잡고 본격적

16 주강현은 줄다리기와 같은 대동놀이는 기본적으로 마을 공동체문화의 주체인 두레의 성립과 발전을 필연적으로 요구되었다고 언급하고 있다. 그는 두레는 농업생산력의 발달, 향촌사회의 변동이란 나름대로의 역사발전에 의하여 이루어진 역사적 산물로 인정되며 이는 조선후기에서나 가능한 것으로 보고 있다(주강현, 「두레의 역사」, 『한국민속학입문』, 지신산업사, 1996, 479쪽).

으로 발전된 시기이기도 하다.[17] 이 시기의 향촌 사회는 농업 경제력을 바탕으로 이전에 비해 보다 조직적으로 발전했다. 그런 점에서 당시 향촌사회에서 행해졌던 줄다리기는 주술성도 지니고 있었겠지만 무엇보다 대동단결성이 보다 강했던 것으로 보인다.

그런데 이런 양상의 줄다리기는 특히 18세기로 오면서 두드러지게 나타난다. 오늘날 영산줄다리기와 같은 고을형 줄다리기가 이 무렵에 활발하게 진행되었다는 사례에서 이를 확인할 수 있다. 실제로 19세기 의성현에서는 앞서 전라도 지역의 마을굿 과정에서 볼 수 있는 줄다리기와 달리 의성 고을민이 대거 참여하여 남북으로 편을 갈라 줄다리기를 했다. 의성 고을에서는 남북으로 갈라서 따로 줄을 만든 다음, 줄다리기가 행해지는 날에 줄을 줄다리기 장소를 끌고 와서 줄을 당겼다. 이때 양쪽 백성들이 깃발을 흔들고 북소리를 내면서 맞이하기도 하는데, 당시에 줄다리기에 참여했던 사람들의 수가 만 명이 훨씬 넘었다고 한다.[18]

19세기에 의성 지역에서 행해진 줄다리기는 마을 단위로 소규모로 진행된 줄다리기와는 분명 성격이 다름을 알 수 있다. 관의 주도하

---

17 조선 후기에 두레가 조직화 될 수밖에 없었던 배경에 대해 주강현은 조선후기의 시대적 배경을 주목하면서 다음과 같이 언급한 바 있다.

조선 후기에 이르면 농민 경영의 성장을 바탕으로 새로운 농촌공동체 결속이 가속화되었다. 농업생산력 발전에 따라 里·洞이 좀 더 독자적인 자연촌으로 성장해 갔다. 자연촌의 공동체적 결속은 士族이나 新鄕에 대응하는 힘이 되었고 국가에 대한 저항까지 가능한 힘의 토대가 되었다. 共同納은 마을의 공동체성을 더욱 가오하시켰다. 조선후기 자연촌의 여건은 마을문화에서 독자적인 발전경로를 모색하고 있었다. 노동관행도 마찬가지였다. 때마침 급성장을 거듭하고 있던 조선후기 이앙법의 확산이 향촌사회의 변화와 맞물렸다. 새로운 농법은 새로운 노동관행을 요구하였으며 선진 노동조직인 두레의 정착은 필연적이었다(주강현, 「두레연구」, 경희대 박사학위논문, 1995, 51쪽).

18 이 내용은 『玉垂集』권 30 索戰解에 실린 내용을 한양명이 번역한 것인데, 한양명의 연구물에 실린 내용을 간략하게 요약한 것이다(한양명, 「19세기 중엽, 의성현의 줄당기기를 통해 본 고을 축제의 성격과 문화적 의미」, 『한국민속학』 42, 한국민속학회, 2005, 306~307쪽).

에 인근 마을에서 인원을 동원했다는 점이나, 돈과 배를 고각루鼓角樓에 내걸어 이기 편에게 상을 주었다는 점 등은 기존의 줄다리기와는 여러 가지 면에서 차이가 있었음을 보여준다. 특히 당시 의성에서 볼 수 있는 줄다리기는 규모와 연행 과정에서 보여주는 내용을 보면 축제를 방불케 한다.

오늘날 축제적 성격을 고스란히 지니고 있는 큰 규모의 줄다리기는 조선 후기에 각 지역에서 빈번하게 행해졌던 향전鄕戰과 관련이 있는 것으로 보인다. 향전은 지방의 한 관례慣例로 일정한 날을 정하여 갑·을 두 지방의 주민 사이에 행하는 희전戲戰으로서, 주요 놀이 종목에는 석전·줄다리기·차전 등이 있었다. 이러한 향전이 언제부터 있었는지는 정확하게 알 수 없다. 다만 『영조실록』에 향전이 지방에서 행해졌다[19]는 기록이 남아 있는 것을 보면, 18세기 초에는 향전이 있었음을 확인할 수 있다. 그리고 향전은 마을 주민이 주체적으로 연행했던 것이 아니라, 관의 주도 하에 행해졌다는 점에서 이 시기의 줄다리기는 기존의 것과는 차이가 있다.

지역의 향전 중에 행해졌던 줄다리기를 살펴보는 과정에서 18~19세기 줄다리기는 관에서 주도했다는 점이 눈에 띄는데, 이를 통해 당

---

19 그대로 초복(初覆)을 행하였으니, 문안(文案)이 호번(浩繁)한 이유로써 어제 다 마치지 못했기 때문이었다. 양산(梁山)에 사는 사람을 죽인 죄인(罪人) 박태순(朴泰純)의 사건에 대해 임금이 특별히 어사(御史)를 보내어 조사해 밝힐 것을 명하였다. 대개 박태순이 아비의 원수를 갚은 것이라고 하니, 향전(鄕戰)에서 그의 지친(至親)으로 좌수(座首)가 된 사람을 죽였기 때문이다 〈『영조실록』, 영조1년, 11월23일(정사)〉.
지방에서 일정한 날에 한 마을 사람과 다른 마을 사람들이 관례에 따라 벌이는 싸움놀이, 즉 석전(石戰) · 줄다리기 · 차전(車戰) 등을 말하기도 하고, 또 각 고을의 유력한 사람들이 주로 고을의 지배권을 둘러싸고 벌이는 싸움을 말하기도 한다. 여기서는 후자(後者)의 뜻인데, 지방에 따라 그 양상이 각기 달랐으나, 대체로 유림(儒林)과 향임(鄕任)간의 대립이 지배적이었다. 특히 향안(鄕案)을 에워싼 싸움, 향임(鄕任) 자리를 차지하기 위한 싸움 등을 들 수가 있는데 조선 후기에 주요 폐단의 하나로 꼽혔다(『우서』1권).

시의 줄다리기는 주술과 대동단결만을 목적으로 한 것이 아니라, 또 다른 목적으로 행해졌음을 유추해 볼 수 있다.

조선 후기에 줄다리기를 관에서 주도했다는 점은 향촌 사회의 변화와 일정 부분 관련이 있는 것으로 보인다. 18세기를 전후로 향촌사회의 주도권은 향리와 외부에서 온 수령이 장악하고 있었는데, 이들은 향촌사회를 원활하게 통치하기 위한 목적으로 줄다리기를 했던 것이다. 더불어 줄다리기 행사에 관官이 개입하면서 줄다리기 규모가 매우 커졌을 뿐만 아니라, 줄을 당기는 주된 목적과 성격 역시 다른 양상으로 변화되었음을 알 수 있다.

3) 근대의 줄다리기 성격

비교적 오랜 역사를 지닌 줄다리기는 근대로 오면서 그 성격이나 목적이 보다 다양한 양상을 지니게 된다. 앞선 시기와 달리 여러 가지 면에서 많은 변화가 있었던 것을 감안한다면 줄다리기의 성격이 이 시기에 오면서 많은 변화가 있었다는 사실은 어찌 보면 당연한 결과일 것이다.

근대에 행해졌던 줄다리기의 특징 중에 하나는 주술성이 이전에 비해 약화되긴 했으나, 일제강점기 후반까지도 주술성을 지닌 줄다리기가 일부 지역에서 지속적으로 행해졌다는 점이다. 이런 양상은 이 시기에 마을굿의 하나로 줄다리기가 행해졌던 사례를 통해 확인할 수 있다. 특히 마을굿 과정에서 남녀가 편을 갈라 줄을 당겨 여자편이 이기면 그 해에 풍년이 든다고 믿는 것이 주술성과 관련이 있는 줄다리기다. 일제강점기 후반에도 이러한 성격의 줄다리기가 지속적으로 진행된 것으로 보인다. 1930년대 전라남도 무안군 임자면 진리 마을의 줄다리기에서 이 사실을 확인할 수 있었다.

정월 15.16.17일에는 줄다리기도 했다. 이 행사도 당산 나무를 중심으로 부락 사람들이 남녀 두 조로 나뉘어 길이 30간 직경 6.7인치의 큰 밧줄을 당겼다. 15세 이하의 아이들은 여자 쪽의 편을 들어 승부는 항상 여자 쪽이다. 줄다리기를 마친 후 밧줄은 산 쪽으로 가지고 가서 산신에게 바친다. 모두 짚을 조금씩 추렴하여 밧줄을 만든다. 줄다리는 정월 보름에서 17일까지 남녀로 나뉘어서 한다. 여자 쪽이 이기는 것은 총각들이 여자 편을 들기 때문이다. 끝난 밧줄을 국시당에 걸어둔다[20]

기우제의 일환으로 행해졌던 줄다리기도 이 시기까지 이어져 왔다. 당시 경남의 단성지방에서 비가 오지 않아 줄다리기를 하였는데, 1929년 동아일보에는 당시의 실상이 비교적 자세히 소개되었다.

경남 단성 지방에는 오늘이나 비가 올까 내일이나 비가 올까 비비하고 기다리는 지가 우급 오십일이나 되나 비오기는 고사하고 불같이 비치는 햇빛은 사람의 가슴을 불태우는 중 행여나 비 올까 별별 짓을 하는 중에 단성 남사리에서는 지난 십일밤에 비를 비는 줄싸움索戰을 하얏다러다[21]

당시의 줄다리기가 여러 형태로 발전되었음에도 불구하고 일반인

---

20 최길성 옮겨 엮음, 에티박물관 엮음, 『일본 민속학자가 본 1930년대 서해도서 민속』, 민속원, 2004, 48쪽.

21 『동아일보』, 1929. 8. 15.

들은 줄을 당기면 그들이 바라는 바가 이루어질 것이라 믿었다.[22] 줄다리기의 주술성이 송석하의 견해[23]와 달리 이 시까지 지속되었다는 사실은 각 지역에서 행해지던 마을신앙을 통해서도 확인할 수 있다. 특히 1928년도에 장성 지역의 우물(샘)에 기괴한 재앙이 들자 주민들은 당산제를 지내어 귀신을 억제해야 한다[24]는 신문 기사를 보면, 이 무렵까지지도 주술성이 지속되었음을 확인할 수 있다.

便줄다리기의
스포-츠化
延專創立記念運動
學園으론嚆矢

延禧專門學校에서는 明二十二日이 同校의 創立十八週年日임으로 이날을 記念하기爲하야 午前九時五十分에式을行하고그뒤를니어서 新舊學生의便줄다리기와 蹴球및庭球戰을 行할터이라한다

蹴球나庭球는 學園運動에흔이行하는바이나 朝鮮古來의줄다리기는 이번이처음으로 벌서 四千名이다릴수잇는 直經二寸의것으로 人夫네명이 간신히 仁川에서運搬하아왓다한다 그리고 每年一次式 全體學生의便줄다리기를行할터이라한다

그러나 서구적 사고 및 스포츠의 도입, 그리고 놀이성(오락성)이 두드러졌다는 사실에서 주술성을 목적으로 한 줄다리기는 이전에 비해 그 성격이 약화되었을 가

22 朝鮮總督府, 『朝鮮の鄕土娛樂』에 기록된 전북 정읍 지방의 색전에는 "井邑地方に同じ. 終つて綱を大木に巻きつける時部落の婦人がの木にに(村をよくお守りくだちださり)と祈願する"(120쪽)라는 내용에서 이러한 흔적을 엿볼 수 있다.

23 이에 비해 송석하는 당시1930년대에는 이미 줄다리기는 기풍적 성격은 사라졌다고 보고 있다. 그러면서 그 시기를 적어도 백 년 전이라고 이야기 하고 있다(송석하, 「조선의 줄다리기에 대하여」, 『송석하의 재음미』, 국립민속박물관, 2006, 169쪽).

24 『조선일보』, 1928. 2. 24.

능성이 높다.[25] 신문과 잡지 자료를 살펴보면 개화기 이후에는 주술성보다는 대동단결을 목적으로 한 줄다리기가 이전에 비해 빈번하게 행해졌음을 알 수 있다. 이러한 줄다리기는 부산과 마산 등 대도시의 시민들을 중심으로 큰 규모로 행해졌다. 특히 일제강점기에 오면서 이런 줄다리기가 여러 지역에서 개최되었음을 알 수 있는데, 1921년에 경기도 이천 지역에서 행해졌던 줄다리기를 통해 당시 이러한 성격의 줄다리기 모습을 엿볼 수 있다.

> 경기도 이천읍에서는 지난 십팔일에 근년에 처음 보는 큰줄다리기를 하였는데 대부근의 여섯 고을의 연합하야 편을 짜가지고 다리였으며 당일 회장에는 관람자가 삼만여명에 달하였고 줄다리는 사람이 육천여명에 달하야 실로 공전절후의 대장관을 이루었으며 대규모의 운동임으로 중상자가 구명이오, 즉사자가 삼명에 달하야 일시는 대소동까지도 일어났었는데 어찌하였던지 줄다리기는 우리 조선의 고유한 운동으로 석전石戰의 다음가는 것이라 각 편에서는 용기가 충천할 듯하였다. 그런데 이번 줄다리기에 사용하는 줄은 놀라지 말 것이다. 길이가 이천오백척이오 굵기가 직경 두자나 되어야 참으로 큰 줄이었으며 며칠 전부터 회장에서는 수 십 명 준비위원이 잠도 못자고 줄을

25 줄다리기 성격에서 무엇보다 중요한 것 중에 하나는 바로 놀이성이다. 주술성을 지닌 줄다리기가 어느 시기에 오면서 놀이성이 보다 두드러졌는지에 대해서는 보다 많은 논의가 있어야 할 것이다. 다만 「農村娛樂振興座談會」(『朝光』10-총102호, 1944. 4)를 보면 '향토오락(鄕土娛樂)'의 범주에 줄다리기와, 씨름 등이 포함되어 있어, 이 무렵 줄다리기는 오락성과 놀이성에 대한 개념 정리가 선행되어야겠지만, 놀이성·오락성이 주술성 보다는 두드러졌을 가능성이 높은 것으로 추정해 볼 수 있다.

꼬며 모든 설비를 한 것이라더라.[26]

이천 지역과 유사한 형태의 줄다리기는 비교적 여러 지역에서 행해졌다. 동아일보 기사 내용을 보면 안동·여수·마산·부산 등에서 이러한 줄다리기가 열렸으며, 이들 지역의 줄다리기는 주로 1920년대에 집중적으로 행해졌음을 알 수 있다.[27] 그리고 이들 줄다리기는 시민들의 자발적 참여가 있었긴 하나, 지역사회에서 활동하던 청년단체 및 시민단체들이 중요한 역할을 하였다. 1926년 안동에서 행해졌던 줄다리기도 시민(단체) 주최로 줄다리기가 열렸다. 이 기록에는 특이한 내용이 보이는데, 줄다리기에 심판이 참여하여 줄다리기 승부를 결정했다는 점이 그것이다.

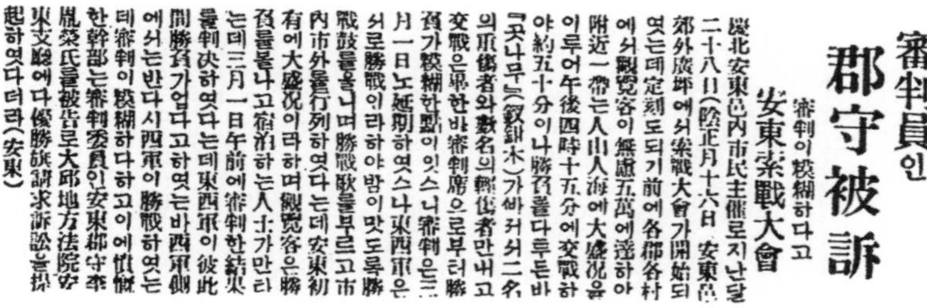
審判員인 郡守被訴
審判이 模糊하다고
安東索戰大會

慶北安東邑內市民主催로지난달二十八日(陰正月十六日) 安東邑郊外廣坪에서索戰大會가開始되엿는데定刻도되기前에各郡各村에서觀覧客이無慮五萬에達하야附近一帶는人山人海에大盛況을이루어午後四時十五分에交戰하야約五十分이나勝負를다투든바『곳나무』(叙鉗木)가싸저서二名의重傷者와數名의輕傷者만내고交戰은畢한바審判席으로부터勝負가模糊한點이잇스니審判은三月一日노延期하엿스나東西軍은서로勝戰이라하야밤이맛도록勝戰鼓를올니며勝戰歌를부르고市內市外를行列하엿다는데安東初有에大盛況이라하며觀覧客은勝負를볼나고宿泊하는人士가만타는데三月一日午前에審判한結果를判決하엿다는데東西軍이彼此間勝負가업다고하엿는바西軍側에서는반다시西軍이勝戰하엿는데審判이模糊하다하고이에憤慨한幹部는審判委員인安東郡守李胤榮氏를被告로大邱地方法院安東支廳에다優勝旗請求訴訟을提起하엿다더라(安東)

경북 안동읍내 시민 주최로 지난달 이십팔일(陰정월십육일 안동읍 郊外廣坪)에서 색전대회가 개시開始되엿는데정각도 되기 전에 각군각촌各郡各村에서 관람객이 무려오만에

---

26 『동아일보』, 1921. 3. 22.

27 『동아일보』에 따르면, 여수(1925)·안동(1926년)·김천(1928년)·고성(1929년)·부산(1933년)·마산(1931년)에서 시민들을 중심으로 한 줄다리기가 있었음을 알 수 있다.

달하야 부근일대는 인산인해에 대성황을 이루어 오후 사십 오분에 교전交戰하야 약 오십분이나 승부를 다투는바 '곳나무'가 빠져서 이명의 중상자와 수명의 경상자만내고 교전은 필畢 한바 심판석審判席으로부터 승부가 모호한 점이 있으니 심판은 이월 일일로 연기하였으나 동서군은 서로 승전勝戰이라하야밤이맛도록 승전고勝戰鼓를 울리며 승전가勝戰歌를 부르고 시내시외를 행렬行列하엿다는데 안동초육安東初育에 대성황이라 하며 관람객은 승부를 보려고 숙박宿泊하는 인사人士가만타는데 삼월일일오전에 심판審判한 결과를 판결判決하여 다는데 동서군이 피차彼此간 승부가 없다고 하였는바 서군 측에서는 반듸시 서군이 승전勝戰하엿는데 심판이 모호하다하고 이에 분개憤慨한 간부幹部는 심판위원審判委員이 안동군수 이윤영李胤榮씨를 피고被告로 대구지방법원안동청에다 우승기청구소송優勝旗請求訴訟을 제기提起하엿다더라(안동)[28]

이 시기에 시민들이 한 자리에 모여 줄다리기를 했다는 점에서 당시의 시대상을 고려해 보면 줄다리기가 국권회복을 위한 민족운동적 성격을 지녔을 가능성을 배제할 수 없다. 즉 일제 식민지 통치하에 있었던 시민들은 줄다리기를 통해 일제에 저항하면서 시민들의 단합된 모습을 보여주었다는 것이다.[29] 특히 당시의 줄다리기가 시민단체

---

28 『동아일보』, 1926. 3. 5.

29 국권회복 운동적 성격을 지니게 된 당시의 운동회에서 민족의 단합성을 보여주는 데는 줄다리기만한 종목이 없었을 것이다. 즉 여러 사람이 함께 참여할 수 있었던 줄다리기를 통해 국민들은 당시의 억울함을 표출하고, 국권회복을 위해 단합된 모습을 보여줄 수 있었다.

들의 주도로 진행되었다는 점에서 대동단결적 성격을 지닌 줄다리기가 이러한 목적으로 성격이 변화되어 행해졌던 것으로 이해할 수 있다.[30] 줄다리기를 통해 일제에게 시민들의 단합된 모습을 보여줄 수 있었던 것은 줄다리기가 다른 놀이와 달리 많은 인원이 참여할 수 있다는 특징을 지니고 있었기 때문이다.

줄다리기가 국권회복을 위한 민족운동적 성격으로 진행되자, 1930년대에 오면서 일제는 이러한 성격의 줄다리기를 강제로 해산하거나 금지한다. 일부 지역에서는 줄다리기를 주최하거나 혹은 줄다리기에 참여한 사람이 경찰서로 연행되었다.[31] 동아일보 신문 기사 내용을 정리하면 일제는 1925년을 기점으로 옥외屋外에서 행하는 모든 집회를 금지시켰음을 알 수 있다.

---

30 수원지역의 초기 청년 단체는 야학과 강습소의 운영, 강연회 등을 통한계몽 활동에 중점을 두고 활동하였다. 먼저 남양엡윗청년회는 문예부 주최로 야학회를 개설하여 조선어, 한문, 산술을 필수로 가르치기도 하고, 수시로 상식과 수양에 필요한 학과를 교수하였다. 또 스포츠에도 힘을 기울여 축구, 정구 등의 종목이 안성과 서울의 한성은행 등과 친선경기를 갖기도 하였다(조성운, 「1920년대 수원지역 청년운동과 수원청년동맹」, 『한국민족운동사연구』24, 한국민족운동사학회, 2000, 249쪽).

31 옹긔, 옹긔에잇는 로동련합회회원들과 당지하천공사장 인부들과측항공사장인부등 도합 八백여명이 一월 一일에 松坪 그라운드우에서 줄당기기를 하려고 당지경찰에 集會屆를 제출하였는데 경찰서에서는 폭동이 일어날 우려가 잇다는 이유로서 집회금지를 명하였다 한다(『동아일보』, 1932. 1. 7).
지난 십오일밤 이십시경 부산초량정신도로에서 영주정초량정 사람 삼천 여명이 모이어 줄다리기를 하려할즈음에 원오륙명이 출장하여 금지하고 해산시키고저 하였으나 듣지 아니하고 돌이어 출장한 경관을 구타까지 하였음으로 다시본서로 통치하야 정사복경관사십여명을 출동시켜 대합동을 한 결과 동야 십이시경에 겨우 군중을 해산시켰으며 줄목에 허주선하고 있던 주목자 십여명을 검속하야 본서에 인치하눈 등 일시는 대혼잡을 이루었다한다(『동아일보』, 1930. 2. 19).

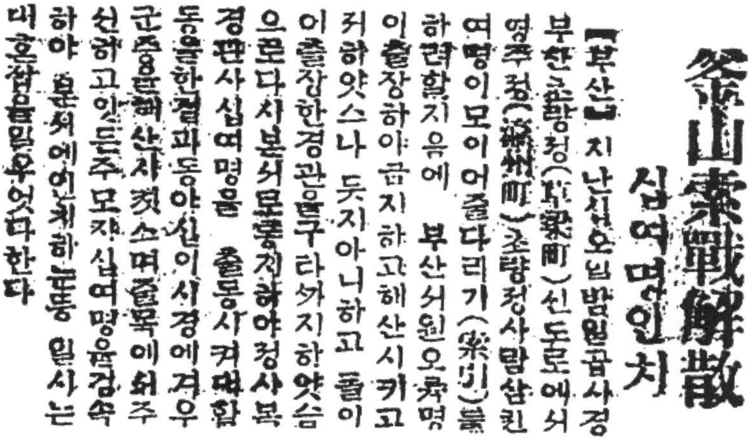

釜山索戰解散 십여명인치

【부산】 지난십오일밤일곱사경 부산초량정(草梁町)신도로에서 영주정(瀛州町)초량정사람삼천 여명이모이어줄다리기(索引)를 하려할지음에 부산서원오륙명 이출장하야금지하고해산시키고 저하얏스나 듯지아니하고 줄이 이출장한경관을구타까지하얏슴 으로다시본서로통지하야정사복 경관사십여명을 출동시켜대합 동을한결과동야신이시경에겨우 군중은해산시켯소며줄목에쇠주 선하고잇든주모자십여명을검속 하야 본서에엄중취조하는중 일시는 대혼잡을일우엇다한다

근대식 교육이 시작되면서 학교에서도 줄다리기가 행해졌다. 학교 운동회의 운동 종목의 하나로 줄다리기가 등장하는 사례[32]와 학교 간 대항전에서 맨 마지막에 여러 사람이 모여 줄다리기를 했던 사례, 그리고 대학교 개교기념일에 학교 운동장에서 학생들이 단합대회를 목적으로 줄다리기를 했다는 사례[33] 등이 바로 개화기 이후에 보이는 새로운 성격의 줄다리기라 할 수 있다.

---

32 우리나라 최초의 운동회(1896년 개최)의 경기종목은 경주(600보, 1350보, 300보), 공던지기, 대포알던지기, 멀리뛰기, 높이뛰기, 사람 둘이 세 다리 달리기(2인삼각), 당나기 달리기, 경마 경주-20필 참가, 동아줄끌기(12인조)이었다. 이들 경기종목을 보면 개인별로 대항하는 경기 이외에 경마경주, 그리고 줄다리기와 유사한 형태의 동아줄끌기인 단체경기가 있었음을 알 수 있다.(이학래 외, 앞의 책, 159쪽).

33 1932년 『동아일보』에 따르면 줄다리기가 처음으로 대학교에서 스포츠의 일환으로 시작되었음을 알 수 있다.
연희전문학교에서는 明二十二日이 同校의 창립 십팔 주년 일임으로 이날을 기념하기 위하야 午前九時五十分에 式을 行하고 그 뒤를 니어서 新舊학생의 便줄다리기와 축구 및 庭球戰을 行할터이라 한다. 축구나 정구는 학원운동에 흔히 行하는 바이나 朝鮮古來의 줄다리기는 이번이 처음으로 벌서 四百(?)名이 다릴수 잇는 直徑二寸의 것으로 人夫네명이 간신히 仁川에서 運搬하야왓다한다. 그리고 每年一次式 全體學生의 편줄다리기를 행할터이라 한다(『동아일보』, 1932. 4. 20).

당시 학교에서 줄다리기가 행해질 수 있었던 데에는 근대 학교 교육의 궁극적인 목적이 심신을 단련하고 단체성을 강조한 것과 관련이 있다. 이 과정에서 근대 스포츠[34] 등의 영향으로 이전과 달리 줄다리기에 일정한 규칙이 생겨났다.

당시 학교 교육과 관련된 줄다리기가 새로운 성격의 줄다리기임에도 불구하고, 개화기 이전부터 이어져 오던 대동단결성을 지닌 줄다리기의 영향을 간과할 수는 없다. 연희전문학교 개교 기념행사와 관련된 자료(각주 33번)에 신구新舊 학생이 한 자리에 모여 줄다리기를 했다는 기록은 줄다리기의 대동단결성이 이 시기까지 이어져 오고 있음을 잘 보여준다.

이러한 내용에서 근대의 줄다리기는 이전에 비해 보다 다양한 성격으로 발전되었음을 확인할 수 있다. 근대적 사고의 도입과 일본의 영향으로 인해 개화기 이전에 비해 다양한 형태로 줄다리기가 행해진 것이다. 특히 근대 학교 교육의 등장, 시민단체의 등장, 그리고 스포츠의 도입 등이 상호 영향을 주어 줄다리기가 다양한 성격으로 변한 것으로 보인다. 물론 이전 시기에 비해 약화되기는 하였으나 지역에 따라서는 주술성을 지닌 줄다리기도 행해졌다.

다양한 성격을 지닌 근대의 줄다리기는 1930년대 이후에 오면서 차츰 쇠퇴한다. 시민들이 모여 줄다리기를 하던 행위를 일본이 탄압

---

34 스포츠는 19세기 서구에서 발생된 것으로 규칙, 경쟁, 신체활동이라는 3가지 요소가 포함되어 있다. 보다 자세히 언급하면 스포츠는 경쟁적인 신체활동의 제도화된 형태로 보고 있다(이승훈·김기상, 『스포츠사회학』, 진영사, 2010, 12~13쪽).

하거나 금지시켰기 때문이다.[35]

2. 가투

1) 가투의 개념과 연구 목적

우리의 문학 작품인 시조를 활용한 놀이에 시패詩牌[36]라는 것이 있었다. 시패는 근대 이전부터 있었던 것으로 보이는데, 일제강점기에는 이와 유사한 가투歌鬪라는 놀이가 등장한다. 가투는 다른 용어로 '시조놀이'라 불린다. 명칭에서 알 수 있듯 가투는 근대 이전의 시패와 마찬가지로 시조를 이용하여 노는 놀이다. 그런 점에서 일부 연구자들은 가투를 우리 고유의 것으로 보기도 한다. 하지만 일본의 와카和歌놀이인 '가루다' 놀이를 차용했다는 점에서 일본의 영향을 받은 놀이로 보는 것이 타당하다.

놀이 가투가 일제강점기 무렵에 등장하긴 했으나 우리의 시패와 닮은 점이 많다는 사실에서 이 시기에 성격이 변한 것으로 보아도 무리가 없을 듯하다. 보다 정확히 말하면 시패가 가투놀이로 바뀌었을

---

35 영산의 줄다리기 역시 일제의 침략과 근대 자본주의 체제로의 편입에 따른 공동체문화의 해체, 그리고 일제의 궁민화정책과 집회금지에 관한 다종의 법률적 제약 때문에 1930년대에 이르러 본격적인 전승이 단절된다(한양명, 「놀이민속의 탈맥락화와 재맥락화」, 『한국민속학』49, 한국민속학회, 2008, 91쪽).
이 무렵에 줄다리기가 금지된 것은 일제가 본격적으로 조선인들이 모이는 집회를 금지했던 시기와도 맞물려 있다. 동아일보의 기사를 보면 1925년을 기점으로 일제는 옥외(屋外)에 행하는 모든 집회(集會)를 금지시켰음을 알 수 있다. 조선인이 모이는 집회를 금지함으로써 사전에 반동이나 민족운동을 차단하기 위해서였다. 이런 과정에서 수 만 명이 한꺼번에 모여 행하는 줄다리기 행사를 금지시켰을 것으로 보인다. 이 부분은 추후 보완하여 정리하도록 하겠다.

36 여러 사람에게 일정한 수효의 글자를 새긴 나뭇조각을 나누어 주고, 각각 받은 글자로 시를 짓게 하며 노는 놀이다.

수도 있으며, 시패가 이 놀이에 영향을 주어 가투가 등장했을 수도 있다. 여러 가지 내용은 추후 설명하고 우선 우리의 시패에 대해 알아보도록 하자.

> 시패時牌라 하면 지금 청년들은 내용은 고사하고 이름조차도 아시리가 적을듯합니다. 이제 여러분 취미상 참고로서 시패에 대한 설명을 하겠습니다. 시패는 기시한 것 같이 총 수 삼십 개의 목편木片으로 다듬어마치 두터운 골패짝 같이 되었는데 그 목편에 한 개 한자씩 썻습니다. 우에 표의 시구는 흔히 유행하던 일례요 이외에 다른 시구를 기입한 것도 있었으며 또 목편의 수도 반드시 삼십 개에 제한치 안헛던 것입니다. 그리고 이 시패의 노리방법은 사인일조가 되어 처음에는 삼십 개의 목편을 모두 자리 우에 엎어 두 어 번 손바닥으로 섞은 다음에 순차로 한 개식 주어 한사람이 다섯 개식을 줍고 자리에는 열 개를 남겨두고 각자가 갖고 있는 다섯 개가 글 한구를 흡육이 이루게 될 때까지 자리에 남아 있는 목편을 바쳐서 먼저 글귀를 만든 자가 이기게 되는 것인데 그 중에 '승학상양주' 글구를 만든 자가 최대성리를 점령합니다. 이런 유희는 한가한 로인, 선비, 아동들이 흔히들 하며 다소 교육적 완구로 볼 수 있습니다. 그러면 지금의 가투는 일본 내지 패합貝合과 함께 이 시패놀이에 근사치 않습니까[37]

---

37 「가투는 새로운 것이지만 시패(詩牌)와 비슷한 유희」, 『동아일보』, 1940. 1. 19.

근대 이전에 행해졌던 시패와 달리 가투는 100수의 시조 전체를 기록한 명함 크기의 종이 카드와 시조의 일부(초·중·종장)가 적힌 시조 카드를 이용하여 논다. 놀이의 방법은 여러 가지다. 놀이의 좌장을 맡은 사람이 시조의 첫 구를 읽어주거나 초장을 읽어주면 다른 사람들이 바닥에 놓인 카드에서 그 시조의 종장 카드를 찾는 것이 대표적인 방식이다. 단계별로 초장 첫 구를 읽어주고 놀이에 참여한 사람들이 카드를 찾지 못하면 초장 전체를 읽어주기도 한다. 이때까지도 찾는 사람이 없으면 종장마저 읽어주어 찾게 한다.[38]

가투(歌鬪)는새로운것이지만 시패(詩牌)와비슷한유희

시조를외우는데흥취가잇다

정확하게 가투가 언제부터 시작되었는지 알 수 없다. 그러나 기존 연구자들은 1920년대로 접어들면서 이 놀이가 시작된 것으로 보고 있다. 이 놀이의 시작을 이 시기로 보는 이유는 놀이 도구인 '가투歌

38 경상북도·영남문화연구원(2006), 『경상북도의 세시풍속과 민속문화』 동방, 243쪽.〈조유영(2008), 「가투놀이의 형성과 정착과정」, 『영남학』 11, 265쪽 재인용〉.

鬪'가 1922년에 불선사에서 처음으로 발행되었기 때문이다.[39] 물론 가투가 발행되었다고 해서 곧바로 이 놀이가 널리 보급된 것은 아닐 것이다. 다만 이 무렵부터 가투가 우리나라에 소개된 것으로 보인다. 일제강점기에는 신문 등을 통해 이 놀이가 일반인들에게 소개되었으며, 여러 지역에서 가투대회가 개최되기도 하였다. 하지만 가투는 여러 가지 이유로 해방 이후 서서히 자취를 감췄다.[40]

여기에서는 이 시기에 가투가 등장하게 된 배경을 시대적 상황과 결부시켜 소개하고자 한다. 기존 연구에서[41]는 등장 배경을 크게 두 가지 정도로 제시하고 있다. 새로운 형태의 취미생활이 필요한 과정에서 가투가 등장했다는 점,[42] 당시 시조 부흥을 위한 방법의 하나

---

39 경성부숭사동륙십이번디에거주하는윤래오씨가 새로히고안한가투라는실내유희구는조선에유명한시조백수를리용하야 그 유희 방법이 매우 자미잇슬뿐 아니라 유희하는 중에 그 시조의 사설도부터 교훈을 밧게 되어 자미와 리익을 겸한 조은 유희구이라 하겟는데 갑은 한 벌에 이원씩이오 종로 동양서원에서 발매 한다더라(『동아일보』, 1922. 7. 4).

40 고은지는 현재의 시조놀이는 일반적으로 전통적인 민속놀이의 한 종류로 설명되고 있지만 그것은 1920년대에 '創案되어 1930년대를 지나면서 조선의 문화로 정착된 새롭게 탄생한 20세기 문화라 명한 바 있다(고은지, 「20세기 놀이문호인 시조놀이의 등장과 그 시조사적 의미」, 『韓國詩歌硏究』 제24집, 2008, 386쪽).

41 임선묵, 「時調놀이攷」, 『동양학』 10, 단국대 동양학연구소, 1980.
고은지, 「20세기 놀이문호인 시조놀이의 등장과 그 시조사적 의미」, 『韓國詩歌硏究』 제24집, 한국시가학회, 2008.
조유영, 「가투놀이의 형성과 정착과정」, 『영남학』 11, 경북대학교 영남문화연구회, 2008.
가투놀이를 다룬 것은 아니지만, 민속학에서는 민요연구자인 이창식 선생의 「시조놀이에 대하여-사설시조와 엮음민요의 유희적 개방구조를 중심으로-」(『시조학논총』 7, 한국시조학회, 1991)이 있다.

42 일제강점기에 휴식처이자 또는 가족이 모인 집안에서 즐길 수 있는 취미생활로 가투놀이가 보급되기 시작했다는 것인데, 이러한 분이기는 새로운 놀이문화에 대한 필요성이 사회적으로 공감대를 형성했기에 가능하였다(조유영, 앞의 논문, 268~269쪽., 고은지, 앞의 논문, 392~393쪽).

로 이 놀이가 등장했다는 점이 그것이다.[43] 후자에 대해서는 고은지가 비교적 상세하게 분석한 바 있다.[44] 하지만 가투놀이가 등장한 시기가 일제강점기라는 점에서 보면 일본이 의도적으로 이 놀이를 보급시켰을 가능성도 결코 배제할 수 없다. 필자의 이러한 고민에 대해 임선묵 역시 같은 의견을 피력한 바 있다. 그의 연구에서는 등장 배경을 직접적으로 언급하지 않았지만, 가투의 등장 배경을 살펴보기 위해서는 반드시 당시의 시대적 분위기를 고려해야 함을 강조하고 있다.[45]

이러한 일련의 과정을 통해 시패놀이가 사라지고 어떤 연유로 근대에 가투놀이가 등장하게 되었는지를 이해할 수 있을 것이다. 무엇보다 가투는 이 무렵에 대회적인 성격으로 발전하는데, 이를 참고하여 가투가 이 무렵에 등장하게 된 이유를 고민하고자 한다.

2) 대회를 통해 본 가투놀이의 실체

일제강점기 가투의 특징 중에 하나는 대회의 형태로 널리 행해졌다는 점이다. 또 다른 특징은 여성들을 중심으로 이 놀이가 행해졌다는 점이다. 이를 보여주듯 여러 지역에서 개최되었던 가투대회에

43 특히 시조의 대중적 보급을 위해 사라져 가는 시조를 가투놀이로 활용함으로써 시조가 널리 알려지기를 바라는 측면에서 이 놀이가 등장했다는 것이 핵심적인 내용이다. 특히 이 시기에 시조문학에 대한 관심을 높이고자 이 놀이를 등장시켰다는 것이다(조유영, 위의 논문, 270~275쪽., 고은지, 위의 논문, 395~409쪽).

44 고은지, 위의 논문, 400~406쪽.
고은지는 일제강점기에 취미생활의 필요성과 함께 시조가 놀이로 등장하게 된 데에는 시조놀이의 대중적 파급력 때문으로 보고 있다. "이 시기의 시조부흥운동이 새로운 문예양식으로 부활한 시조의 창작 운동이었다면 시조놀이는 국민문학으로서 고시조의 대중적 보급을 목적으로 한 문화운동이었다고 할 수 있다"고 언급하고 있다(고은지, 같은 논문, 410쪽).

45 이들 연구와 필자의 연구 모두 자료의 한계로 인해 당시 신문에 실린 기사자료를 주로 활용하고 있다는 공통점을 지니고 있다.

는 주로 여성들이 참여하였다. 하지만 가투놀이가 보급된 초창기에는 남성들도 이 놀이를 즐겼던 것으로 보인다. 현 시점에서 남성들도 참여했던 가투가 여성들의 전유물로 자리매김을 한 연유에 대해서는 정확하게 알 수 없다. 더불어 대회가 아닌 각 가정에서 가투놀이가 어떻게 행해졌는지도 파악할 수 없다. 다만 당시의 신문자료를 통해 가투대회는 여러 지역에서 행해졌으며, 여성들이 주로 참여했음을 확인할 수 있다. 『동아일보』에 소개된 가투대회 홍보 기사는 이러한 일련의 양상을 잘 보여준다.

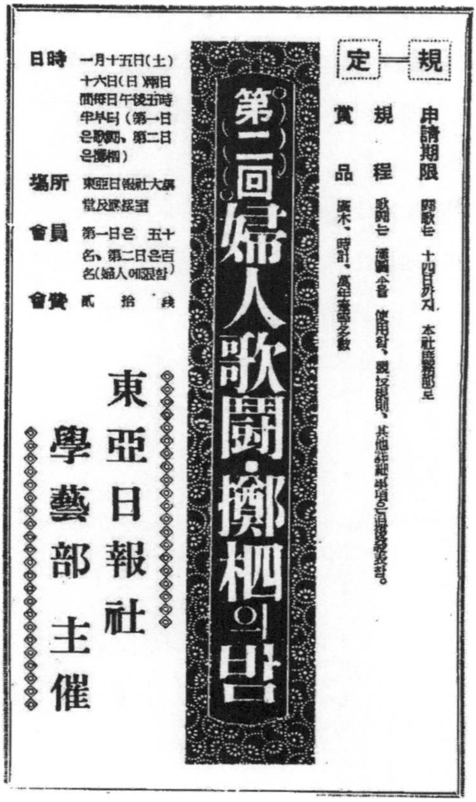

第三回 婦人歌鬪·擲柶大會(1939년도)

일시: 1월14일(토), 15일(일) 오후6시(14일은 ○○, 15일은 ○○)

회원: 가투 50명, 척사 100명(부인에 한함)

회비: 50전 13일 오후4시까지 본사서무부로 신청할 것 (기일전이라도 정원되면 마감함)

장소: 가투는 본사응접실 척사는 본사대강당

규정: 가투는 한도본漢圖本을 사용함

상품: 1, 2, 3등 외에 일반 상품도 있음

주최: 동아일보사학예부[46]

여러 지역에서 개최된 가투대회 대부분은 위의 형식과 유사하게 신문에 홍보되었다. 홍보기사에는 개최 일시 및 장소, 개최 주최, 대회 참가비 등이 함께 실렸다. 일부 대회는 독자적으로 개최하였으며, 외부에서 협찬을 받아 대회를 개최한 경우도 있다.

먼저 살펴볼 내용은 가투대회를 주최한 단체이다. 당시 대회를 주최한 단체를 세분화하면 종교 단체의 청년회·신문사(본사, 지국)·체육경기회·구락부 등으로 나눌 수 있다. 일부 지역에서는 상점에서 대회를 주최했는데, 1928년 6월 9일에 마산에서 열린 가투대회는 '문방구동아당文房具商東亞堂'에서 주최하였다. 하지만 대다수의 가투대회는 신문사에서 주최한 경우가 많았다. 동아일보는 각 지국에서 여러 차례 대회를 주최하였으나, 일부 대회는 위의 기사처럼 동아일보 학예부가 주관하였다. 앞서 소개하였듯이 대회가 있을 때면 후원을 받

46 원문 내용을 한글로 변환하여 소개함(『동아일보』, 1939. 1. 12).

기도 했다. 돈보다는 주로 상품을 받았는데, 화병花瓶과 차茶 등이 당시의 주요 품목이었다.

가투대회는 지방에서도 열렸다. 신문자료를 통해 확인한 지역은 수원·마산·울산·동래·함양·상주 등이다. 조유영은 『동아일보』와 『중외일보』에 실린 기사를 토대로 1926년대에는 서울·경기지역에서 집중적으로 개최되었으나, 1920년대 후반에는 경남과 부산 및 함남지역 등에서 가투대회가 열린 것으로 파악하였다.[47] 특이한 사실은 호남과 충청도에서 가투대회가 개최되었다는 기사는 찾을 수 없었다.

지역에 따라 다소 차이를 보이긴 하나, 대회는 주로 음력 정월에 개최되었다. 음력 정월에 개최되다 보니 해마다 개최일이 달랐다. 가투대회와 척사대회를 동시에 개최한 경우에는 첫째 날은 가투대회, 둘째 날은 척사대회를 하였다. 1936년도 연강 지역에서 열린 대회에서 이런 사실을 명확하게 엿볼 수 있다. 이 대회에서는 머리를 쓰는 가투대회를 첫 날에, 몸으로 하는 윷놀이(척사대회)를 다음 날에 진행하였다.[48] 그런데 당시의 가투대회는 척사대회에 비해 인기가 없었던 모양이다. 『동아일보』에 실린 「기일이 박두한 가투, 척사대회, 척사는 벌서 만원」라는 기사에서 이를 확인할 수 있다.[49]

이 시기 가투대회가 열렸던 장소는 지역이나 주최하는 단체에 따

---

47 조유영, 앞의 논문, 280쪽.

48 『동아일보』, 1936. 1. 23.
원래 윷놀이에 대해서는 아마 모르시는 분이 없을 정도도 다 잘 아시겠습니다만 첫날에 행할 시조노리에 대해서는 아직도 의아를 가지시는 분이 많으신 모양입니다. 시조노리는 그다지 널리 알려지지 않았음으로 그 하는 방법을 모르셔서 때문일 것입니다. 그러나 조선글(언만)만아시면 누구나 이 노리를 하실 수 잇게 됩니다. 오히려 잘하는 이보다도 서투른 이에게 한층 더 재미가 진진한 것입니다.

49 『동아일보』, 1940. 1. 20.

라 차이를 보인다. 신문사가 주최한 경우에는 본사(혹은 지사)의 응접실이나 대강당이었으며, 지역의 단체에서 주최한 가투대회는 공회당처럼 넓은 공간에서 열렸다. 가투대회 참가하는 인원도 미리 정해져 있었는데, 보통 50명에서 100명 정도였다.

가투대회에 참가하는 사람은 일정한 액수의 참가비를 내야 했다. 대개 20~30전이었으며, 일부 대회에서는 1원을 참가비로 받았다. 가투대회를 홍보하는 기사에는 참가비가 명시되었다.

> 주최主催 경성여자기독청년회京城女子基督靑年會, 후원後援 조선일보사학예부朝鮮日報社學藝部, 제第10회回 여자가투대회女子歌鬪大會, 십사일十四日 밤 일곱시七時 회비會費 삼십전三十錢, 장소場所 경성여자기독청년회관京城女子基督靑年會館

대회가 있는 날 대회장으로 와서 공지한 회비를 내면 가투대회에 참가할 수 있었다. 각 대회마다 규정도 있었는데, 대회 규정은 개최 전에 신문에 공지되었다. 아래에 소개한 내용은 연강여자현상가투대회沿江女子懸賞歌鬪大會의 대회 규정이다.

> 대회규정大會規定
> - 신청기申請期 이월삼일二月三日까지
> - 신청청申請廳 별나라 연강지사沿江支社(서강창전이삼이西江倉前里三二0)
> - 회비 금삼십전金三拾錢(매일인每一人)
> - 가투歌鬪 당일사용가투當日使用歌鬪는 화가투花

歌鬪(신민사발행新民社發行)[50]

대회가 개최되기 전에는 대회 당일에 사용할 가투가 공지되었다.[51] 위의 대회 규정에 보이는 바와 같이 '당일사용가투當日使用歌鬪는 화가투花歌鬪(신민사발행新民社發行)' 식으로 신문에 소개되었는데, 좀 더 자세한 자료를 보면 아래와 같다.

> 가투대회에 참가하실 분네는 가투하시는 법을 다 잘 아시겠지만 처음으로 가투을 연습하실 분과 새로 연습하여 가지고 대회에 나오실 분을 위하야 가투노리의 방법을 적습니다. 이번에 쓸 가투는 꽃가투花歌鬪라고 하여 시조 전문을 쓴 쪽은 '끝족'이라고 하니 읽는 쪽이 오종 장만 쓴 쪽은 옆쪽이라고 하니 잡는 쪽이라 그것이 각각 백장씩이어서 모다 이 백장인데 가투로 내기를 할 때에는 먹이는 이가 끝쪽을 들도 시조 전문을 읽어 먹이면 선수들은 그것을 되도록 발리 찾아 잡아내는 것입니다.(후략)[52]

당시 대회에 주로 사용된 가투는 두 종류였다. 하나는 한성도서漢城圖書 본本의 가투이며, 다른 하나는 신민사新民社에서 발행한 화가투였다. 신민사에서 발행한 화가투는 한 면에 화투의 그림을 넣은 것으

---

50 『동아일보』, 1928. 1. 17.

51 이 시기 가투대회 및 가투놀이에 사용한 놀이 도구 가투는 新民社에서 발행한 것도 있었으나 漢城圖書에서 내놓은 것도 있었다. 이 회사에서 발행한 1925년에 '歌鬪'라고 하는 명칭으로 발행되어 그 체제와 판형을 한동안 유지하다가 1930년대 중반에 들어서면서 명칭을 '時調노리'로 바꾸었다고 한다(임선묵, 앞의 논문, 31쪽).

52 『조선일보』, 1932. 1. 29.

로 한성도서본의 가투에 비해 조금 늦게 제작되었다.[53]

대회가 열리기 전에는 대회에 사용할 가투와 함께 가투의 뒷면에 실린 시조 100여 편이 공지되었다. 시조를 신문을 통해 미리 공개한 이유는 여러 사람들이 관심을 가지고 대회에 참여할 수 있도록 유도하기 위해서였다. 무엇보다 우승을 하기 위해서는 반드시 가투 뒷면에 실린 시조를 외우는 것이 중요했기 때문으로 보인다. 『동아일보』의 「시조時調와 경기법競技法-歌의 밤을 앞두고」에는 '삼각산아 다시 보자 한강수야', '가마귀 눈비맞이 히는 듯 겁노매라' 등의 시조가 실려 있다. 다른 신문도 마찬가지였다. 신문에 실린 대표적인 시조 두 편을 소개하면 다음과 같다.

> 가노라 삼각산아/ 다시보자 한강수야, 고국 산천을 떠나고저 / 하랴마는, 시절이 하수상하니 / 올똥말똥 하여라

> 구렁에 나는 풀이 / 봄비에 절로 길어, 알음일 없으니 / 기아니 조흘소냐, 우리는 너희만못하여 / 시를겨워 하누라

대회에 참여하기 위해 암기해야 할 시조 대부분은 우리의 고시조이다. 이들 시조는 일반인에게 잘 알려진 것이 있는가 하면, 그렇지 않은 것도 있었다. 신문에는 가투대회에서 일등을 차지하기 위해서는 100여 편의 시조를 외우는 일이 중요하다는 사실도 공지하였다. 『조선일보』에는 가투대회에서 좋은 성적을 걷을 수 있는 방법이 소

53 임선묵, 앞의 논문, 39쪽.

개되기도 하였다.[54] 그리고 좀 더 적극적으로 가투대회에 참가할 인원을 모집한 경우도 있었다. 가투를 잘 모르는 사람들을 위해 미리 놀이 방법을 알려주거나 연습을 할 수 있는 기회를 제공하기 위해서였다.

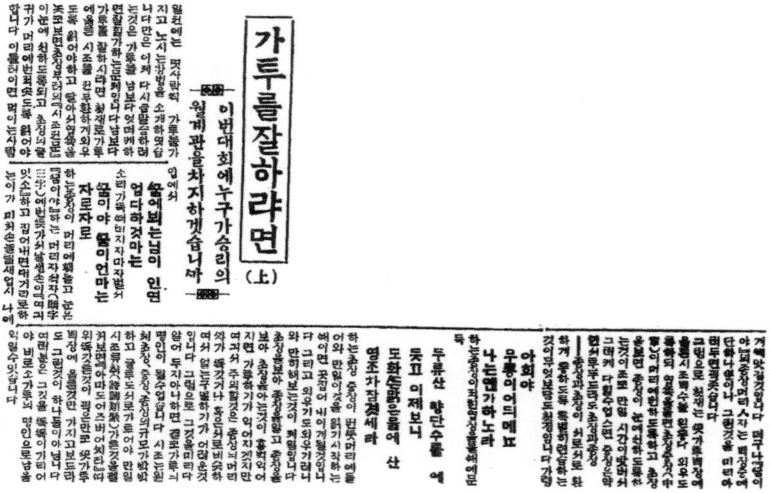
가투를잘하랴면 (上)

이번대회에누구가승리의 월계관을차지하겟습니까

개별 대회마다 조금씩 차이가 있긴 하나 주심과 심판이 소개되면 본격적으로 대회가 시작되었다. 참가자들의 명단이 소개되고 추첨을 통해 대결을 할 상대가 정해지면 예선전이 펼쳐졌다. 예선전이 끝

54 「가명—부인 현상가투대회도 금후일주일 -어떠케하면 실수없시할가 거긔에 대한 자세한 방법」(『조선일보』, 1923. 2. 13). 아울러 이 기사에는 처음으로 가투를 접한 분을 위해 놀이 방법을 소개하기도 하였다.
처음임으로 그 방법에 대하여 여러 가지로 곤란함을 느끼는 모양인바 일본 '가루다'방법을 참작하야 다음과 가튼 방법을 명하야 일반 가정에서 연습하시는데 참고를 드릴까 합니다. 참가한 명수로서 테니스의 추첨하듯이 제비를 뽑아 서로 싸울 짝사람을 명합니다. 그러게 명한 두 사람은 서로 스무장씩 나눠가지고 읽는 이가 부르는 가투의 종장을 먼저 집어 내여야 합니다(법칙 등은 전일 보도한 바와 갓습니다).

나면 준결승전과 결승전을 통해 우승자를 가렸다. 우승자가 가려지면 여흥餘興이 1회 벌어지고, 이것이 끝나면 곧바로 폐회식을 가졌다. 폐회식에서는 우승자에게 상장과 상품이 전달되었다. 그리고 참가한 사람 모두에게는 주최 측에서 밤참(다과)을 제공하였다.

가투대회에서 우승한 사람과 입상자에게는 상품이 주어졌는데, 대부분은 생활용품이었다. 일부 대회에서는 광목·시계·은컵·만년필입상을 상품으로 주기도 하였다. 1938년 1월 14일 밤에 열린 가투대회에서는 1등부터 4등에게 상품이 주어졌다. 이 대회에 입상한 사람들과 그들이 받은 상품은 아래 내용과 같다.

> 경성 여자 기독교 청년회 주최와 본사 학예부 후원의 제십회 여자 가투대회는 예정과 같이 지난 십사일밤 일곱시부터 서대문 정일정독녀자기독청년회관에서 성대히 열리였습니다. 이날 밤에 참가한 회원은 오십 여명이었으며 가투경기에 입상한 분은 다음과 같습니다. 그리고 아홉시 오십분에 총무 홍애스터씨로부터 각각 상품의 수여가 있었고 끝으로 다과회까지 있었습니다.
>
> 1등 남고봉南高蜂(?) 상품은 우승컵 외에 놋대야
> 2등 윤경자尹敬子 상품은 양은 남비
> 3등 송재순宋在順 상품은 유기합
> 4등 남궁희南宮姬 상품은 뎀뿌라 남비[55]

55 『조선일보』, 1938. 1. 18.

여러 지역에서 가투대회가 열리긴 했으나 매 대회마다 같은 사람들이 출전한 것으로 보인다. 이를 보여주듯 한 사람이 여러 대회에서 우승을 한 경우도 있었다. 여러 대회에서 우승한 대표적인 인물이 바로 현옥남玄玉男이다. 그녀는 가투대회에서 여러 차례 우승을 했는데, 『조선일보』에서는 그녀를 '가투 명인'으로 칭하였다.

가투대회가 끝나면 대회 전 과정이 신문에 보도되었다. "'○○'가투대회 성황盛況으로 종막終幕"이라는 식으로 대회장에서 있었던 다양한 내용이 신문을 통해 소개된 것이다. 얼마나 많은 사람들이 가투대회에 참여했으며, 어떤 식으로 대회가 진행되었는지를 홍보하기 위한 목적이 강하였다.

3) 가투놀이의 등장 배경

우리나라에 가투가 보급된 시기는 1920년대이다. 어떤 연유로 이 놀이가 이 시기에 보급됐는지 알 수 없으나 중요한 사실은 이 무렵 가투가 등장하게 된 배경은 여러 측면에서의 고민이 필요하다.

기존 연구에서는 가투가 등장하게 된 이유를 시조의 부흥과 연관지어 설명하고 있다.[56] 시조에 대한 관심이 높아지면서 시조의 대중화를 위해 가투가 등장했다는 것이다. 주체적인 입장에서 가투가 등장했음을 보여주는 견해라 할 수 있다.

하지만 주체적인 입장에서의 견해는 재고의 여지가 많다. 이 놀이

---

56 기존 연구에서 언급하고 있는 일제강점기 가투놀이의 등장배경은 위에서 소해하였듯이 크게 세 가지 내용이다. 첫 번째 내용은 당시 시대적 배경에서 볼 때 충분히 고려할 수 있는 부분이며, 두 번째 내용 역시 시조 부흥과 관련되어 있다는 사실에서 본다면 가투놀이의 등장배경을 설명하는 데 있어 어느 정도 타당하리라 생각된다. 그렇지만 이 두 가지 내용은 일제강점기에 가투놀이가 등장하게 된 배경을 이해하는 데 있어 많은 한계를 지닌다.

가 일본으로부터 소개되었다는 점[57]이나 가투대회의 전반적인 실상이 신문에 소개되었다는 사실에서 의도적으로 등장했을 가능성이 높기 때문이다.

가투가 일본이 의도적으로 보급시킨 놀이였음을 보여주는 단서 중에 하나는 이 놀이를 '고상한 취미생활'로 홍보하고 있다는 점[58]이다. 1920년대는 문화정책의 실시와 함께 '취미의 근대화 문제'가 본격적으로 대두된 시기이다. 당시 일본이 한국인들의 취미에 관심을 갖게 된 데에는 여러 가지 이유가 있는데, 무엇보다 놀이를 통해 조선의 노동자들에게 위안거리를 주고 일의 능률을 높이기 위한 측면이 강하였다.[59] 실제로 일본은 우리네 전통의 오락 내지 놀이를 부정하는 대신, 새로운 형태의 놀이를 고상한 취미로 소개하였다.[60] 가투도 당시의 이러한 배경에서 등장했을 가능성이 높다. 다음의 신문 기사는 이를 잘 보여준다.

---

57 『조선일보』, 1926. 1. 5.

58 『조선일보』, 1926. 1. 5.
이 기사는 조선여성들에게 고상한 취미가 요구되는데, 이 사이 새롭게 생겨난 가투노리라는 유희가 있음을 소개하고 있다. 이것이 일본의 '가루다'를 본뜬 것이라 해서 불쾌한 유희로 생각하는 사람도 있으나 가투는 조선의 역대 시인, 재자, 가인, 영웅, 충신, 렬사, 청치가, 군인, 불평객 등이 세상을 격정하여 자연스러운 감정을 표현한 향토문예의 귀중한 재료이니, 이것을 主材로 삼아 새로운 취미 생활을 하면 좋을 것으로 묘사하고 있다.

59 김예림, 「전시기 오락정책과 '문화'로서의 우생학」, 『역사비평』 73, 역사문제연구소, 2005, 337~338쪽.

60 오락의 정화 오락의 사회화는 모든 계급을 통하여 모든 시대를 통하여 인류사회의 일대문제가 되어 가고 있다. 자본주의의 난숙기에 있어 그 입장은 다르다 하나 (세계 각국은) 국민의 원기를 보하고 사회의 원동력을 충만케 하기 위하여 국민의 오락생활의 사회적 통제, 혹은 지도를 부르짖고 있다. 구락부의 창설, 스포츠의 장려, 도서관의 설립, 활동사진의 이용, 야외 생활의 추천 등등은 혹은 민간으로 혹은 교육계에서 혹은 정부에서 노력하는 것들이다〈『동아일보』, 1931. 11. 8.(김난주·송재용, 「일제강점기 향토오락 진흥정책과 민속놀이의 전개양상」, 『비교민속학』 44, 비교민속학회, 2011, 402쪽 재인용)〉.

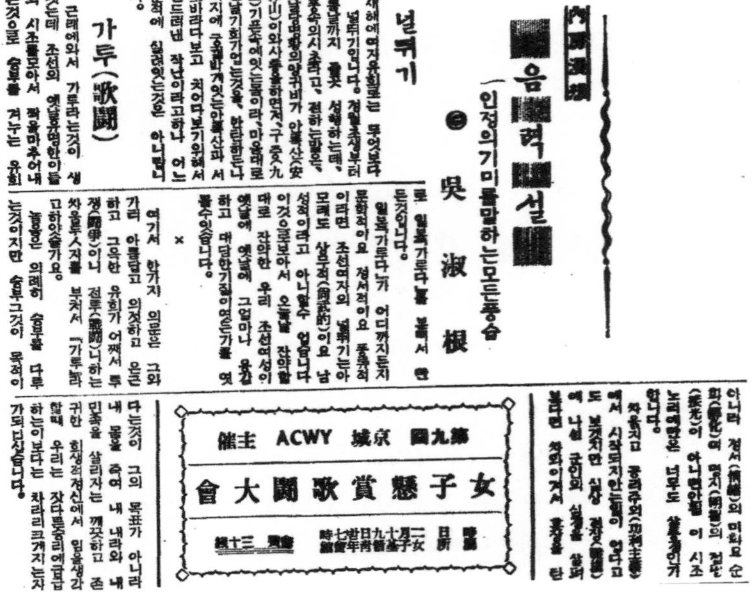

근래 와서 가투라는 것이 생겼는데 조선의 옛날 유명한 이들의 시조를 모아서 짝을 맞추어내는 것으로 승부를 겨루는 유희로 일본 '가루다'를 본떠서 만든 것입니다. 일본 '가루다'가 어디까지든지 문학적이요 정서적이요 풍유적이라면 조선여자의 널뛰기는 아모레도 상무적이라고 아니 할 수 엇습니다. 이것으로 보아서 오늘날 잔약할 대로 잔약한 우리 조선 여성이 옛날에 옛날에 그 얼마나 용감하고 대담한 기질이었든 가를 엿볼 수 있습니다. 여기서 한 가지 의문은 그와 같이 아름답고 의젓하고 은근하고 그윽한 유희가 어째서 투쟁이니 전투니 하는 싸움투자를 부처서 '가투'라고 하였을까요. 놀음은 의례히 승부를 다투는 것이지만 승부는 그것이 목적이 아니라 정서의 미화요 순화에 명지의 접광이 아닐 뻔 안될 이 시조노리에만은 너무도 상투적인가합니다. 싸움지고 공리주의에서 시작되지 않는 말이 없다고도 보겠지만 실상 전장에 나선 군인의 심정을 살펴본다면 싸와 이겨서 훈장을 탄다는 것이 그의 목표가 아니라 몸을 죽여 내 나라와 내 민족을 살리자는 깨끗하고 존귀한 희생적 정신에서 임을 생각할 때 우리는 잣다른 승리에 급급하는 이보다는 차라리 크게 지는 자가 되고 싶습니다.[61]

이러한 흔적은 한성도서에서 제작한 '가투'를 광고하는 기사를 통해서도 엿볼 수 있다. '당시(1930년대) 만연했던 투전놀이에서 벗어나 고급유희高級遊戲로 유도하기 위해 이 놀이를 보급하고자 했다'[62]는 내용이 그것이다. 좀 더 고급스러운 유희를 보급시키기 위한 목적으로 가투놀이를 등장시켰음을 쉽게 알 수 있다. 일본이 가투를 고급유희로 보급시킨 데에는 우리의 전통 놀이를 부정하기 위한 의도적 측면도 결코 배제할 수 없다.

다음으로 당시 가투를 우리네 전통 놀이인 윷놀이와 함께 음력 정월에 행할 수 있는 놀이의 하나로 보급시켰다는 점이다. 가투가 음력 정월에 즐기는 놀이로 등장하게 된 연유는 일본의 '가루다'의 영향으로 보인다. 실제로 일본에서는 '가루다'가 정월에 행해졌다.[63] 임선묵도

---

61 『조선일보』, 1937. 2. 17.

62 임선묵, 앞의 논문, 32쪽.

63 〈가루다〉는 '카드'를 뜻하는 네덜란드어 '카드라'를 일본어로 음차한 것이며, 음을 따서 '加留多'라고 표기하기도 하고, 뜻하지 넣어 '歌留多'라고도 표기한다.(중략) 이것은 메이지 중기 이래 정월 민속으로 성립되어 후대까지 전래되었다(조유영, 앞의 논문, 273쪽).

이 시기에 등장한 가투는 일본의 정월 민속으로부터 투영된 것으로 보았다.[64] 여러 지역에서 열린 가투대회도 주로 정월에 개최되었다.

가투대회를 주최한 단체를 통해서도 이 놀이가 의도적으로 보급되었음을 확인할 수 있다. 당시 대회를 주최한 단체들은 구락부와 신문사, 경기체육부, 청년단체 등이다. 현 시점에서 이들 단체의 성격을 명확하게 규정할 수는 없다. 다만 가투대회를 주도적으로 개최한 동아일보사의 학예부는 일본이 실시한 문화정책을 수행하기 위해 적극적으로 활동한 단체이다. 이 무렵 동아일보 학예부에서 진행한 사업은 영화 상영과 전람회 개최, 농촌문제 강연회, 우생대강연회 등이었는데, 이들은 문화정치시대에 정책으로 펼친 생활개선 및 국민 계몽운동에 포함돼 있었다.

64 임선묵, 앞의 논문, 30쪽.
물론 당시의 신문에는 이 놀이가 생겨난 데에는 반드시 일본의 영향이라고 단정할 수 없다는 견해를 피력한 경우도 있었다.
가투는 '카-드'의 音譯이니만큼 들돈 밖에서 새로 들어온 형식이라 하겠습니다. 지금 본사에서 주최하려는 가투대회에서 선택한 형식은 조선종래 유명한 平時調를 기집한 카-드를 취하였으니 옛날에는 없던 새로운 형식이라 하겠습니다. 그러나 반드시 최근 새로 들어온 방법이라고 할 수 없습니다. 제짝을 골라 맞추어 보는 것은 골패나 투전에도 공통된 방법이지마는 종래 서당 학동들이 흔히들 하던 읍취, 즉 고을내기나 初中終이나 또는 卦字 내기 같은 것은 모두 가투의 성질을 갖고 있거니와 더구나 詩牌에 이르러서는 가투의 형식이 아주 분명합니다(『동아일보』, 1940. 1. 19).

가투가 의도적으로 보급된 놀이임을 보여주는 또 다른 단서를 놀이 도구의 하나인 '화가투'에서 찾을 수 있다. 화가투는 화투와 가투가 결합된 것으로 한 쪽에는 오늘날 화투에서 볼 수 있는 그림이, 다른 쪽에는 우리나라의 고시조가 적혀 있다.[65] 이 화가투는 일본에서는 찾아보기 어려운데, 우리나라에서는 1926년 신민사에서 제작되었다.

신민사에서 화가투를 제작한 연유는 가투를 대중적으로 보급시키고자 한 의도로 보인다. 화가투를 제작한 신민사가 조선인들의 사회교화를 목적으로 발간된 잡지 『신민』(1925년 창간)을 발간한 곳이라는 사실에서 이러한 추정을 하게 되었다. 친일 성향이 강한 신민사는 화투花鬪의 형식을 이용하여 화가투를 제작하였고, 이를 의도적으로 널리 보급시켰던 것으로 보인다.

그렇다면 일본은 어떤 의도로 우리나라에 가투놀이를 보급시킨 것일까?

필자는 가투를 우리나라 국민들에게 알림으로써 자연스레 일본의

65 花歌鬪는 조선문학의 精華라할만한 고시조 중에서 가장 아름다운 것 백수를 뽑아가지고 초중장과 종장을 짝을 맞추어 가며 놀게 된 것이니 취미가 고상한 예술적 유희구로는 이 이상 덤흘 것이 없을 것이다.(-중략-) 화가투는 1926년2월2일 新民社에서 창제(출판허가)한 것이다. 그 시초에는 읽는 쪽에는 梅竹蘭菊四君子를 그리고 집는 쪽에는 竹裡吹肅圖를 그려었다. 그 다음 1927년 2월에는 이것을 개정하여 竹裡吹肅代에는 蘆岸을 그리고 四君子代에 花鬪와 '트람프' 글미을 復刻으로 넣어 시조의 정신적취미를 화투와 트람프의 領域에까지 진출시켰다. 그리고 1931년1월에는 그 紙本과 製法을 一層改良하야 화투와 트람프로 더욱 정교하게 되었다. 이제야 화가투는 일반에 애용되야 재미나는 가운데 의기가 더욱 심장하고 오락과 수양을 겸한 고상한 유희구로 그 가치를 높이게 되었다(「室內遊戲具의 정화 花歌鬪競技法-附 트람프 花鬪法」, 『新民』65, 1933. 3).

사상 등을 주입시키고자 점을 첫 번째 이유로 꼽고 싶다.[66] 또한 문화 정책의 시작과 함께 관심을 가졌던 '건강한 신체와 건전한 오락'과 관련이 있을 것으로 사료된다. 이 담론은 1920~1930년대에 국가적인 차원에서 조장·선동되었는데, 이렇게 된 연유는 전쟁 준비로 개인의 신체를 어떻게 단련하고 조련할 것인가에 대해 많은 관심을 갖기 시작했기 때문이다.[67] 피폐해진 농촌 경제를 살리고, 노동자들의 능률 향상을 위해 다양한 오락의 활성화가 절대적이었던 일본은 우리의 놀이를 부정하고 새로운 형태의 놀이문화를 보급시키고자 노력했다. 가투는 아마도 이 과정에서 등장했을 가능성이 높다.

다른 한편으로는 일본이 지배국이었던 우리 국민을 '황국신민'으로 길러내기 위해 세대와 성별에 맞게 다양한 놀이를 보급시켰던 것은 아닐까 하는 의구심을 갖게 되었다. 남자 성인의 화투, 아동들의 고무줄·오자미·줄넘기가 그러한 놀이라면, 가투는 바로 여자 성인들을 위한 놀이로 보인다. 당시 일본이 원했던 황국신민은 유순하게 복종하는 인민이었는데, 이들 놀이를 접하면서 자연스레 그렇게 되기

66 일제시기 식민지 통치 권력은 한국인들을 통치대상으로 전락시키면서 동시에 식민지적 질서 속에서 각 개인들 스스로 식민지 권력이 강제한 질서를 유지 재생산할 수 있는 주체로 만들려고 시도하였다. 일제가 추구했던 식민지적 근대는 식민지 민중을 근대적 규율과 내면화한 황국신민으로 만들어냄으로써 항상적 순종과 동원이 가능한 체제를 구축하려는 의도를 담고 있었던 것이다(강영심, 「일제시기 '충량한 신민 만들기' 교육과 학교 문화-1930~40년대 보통학교교육을 중심으로-」, 『이화사연구』 33, 이화사학연구소, 2006, 231쪽).

67 김난주·송재용, 앞의 논문, 401~402쪽.

를 원했을지 모른다.[68] 우리 국민들을 황국신민으로 개조하는데 있어 이들 놀이는 더 없이 좋은 도구였던 셈이다.

68 오락은 유한계급의 전유물이라는 인식 그리고 오락은 대중화되어야 한다는 요구는 이후 1930년대 초반으로 들어서도 함께 연동하여 제기된다. 그러나 이 시기에 나타난 주목할 만한 경향은 오락의 대중화 문제가 계급적 소외의 반영물이라는 쪽으로 담론화되기 보다는 이른바 집단적 조절이나 정책화라는 층위에서 접근되기 시작했다는 것이다. 건전한 오락과 건전하지 못한 오락에 대한 구분, 그리고 전자의 진흥과 후자의 척결이 민족적 원기 진작의 중대 요건으로 언급되기 시작한 것도 이런 맥락에서이다. 바야흐로 오락의 대중화와 정화가 함께 논의되기에 이른 것이다(김예림, 「전시기 오락정책과 '문화'로서의 우생학」, 『역사비평』 73, 역사문제연구소, 2005, 338쪽).

5장
근대에 새롭게 생겨난 놀이문화

1. 서구식 완구

1) 유입 배경 및 전파과정

근대 무렵 외부에서 우리나라로 유입된 놀이문화 가운데 완구玩具[1]가 있다. 우리 고유의 완구가 없었던 것은 아니지만 이 시기에 오면서 오늘날 아동들이 가지고 노는 서구식 완구가 외부에서 유입되었다. 따라서 근대에는 우리 고유의 완구와 서구식 완구가 공존하였는데, 여기에서는 서구에서 유입된 완구를 대상으로 당시 완구의 전반적인 실상을 살펴보고자 한다.

이 시기의 완구는 오늘날 장난감이란 용어와 일정 부분 비슷한 의미를 지니고 있었다. 당시의 완구 용어는 '작난감' 혹은 '작란감'이었는데, 오늘날 사용되는 장난감은 아마도 이들 용어와 관련된 것으로 보인다. 또한 완구에 대한 개념과 종류는 오늘날과 큰 차이는 없었던 것 같다. 다만 당시에 완구라 인식하는 대상이 오늘날에는 그렇지 않은 경우가 있다. 근대에 비해 완구의 종류가 다양해지면서 보다 체계적으로 완구를 명시하고 있기 때문으로 보인다. 따라서 근대의 완구를 이해하기 위해서는 반드시 이점을 고려해야 한다. 그리고 당시의 신문에 소개된 대표적인 완구에는 인형·권총·딱지·풍선·자동차·팽이 등이 있는데, 이들 완구는 오늘날 아동들이 가지고 노는 것과 비교해 볼 때 크게 다르지 않았다.[2]

근대 이전의 기록에서는 오늘날 아동들이 가지고 노는 서구식 완

---

1 완구의 같은 말은 장난감이다. 장난감은 아이들이 가지고 노는 여러 가지 물건을 말한다.

2 물론 이 시기 완구라 불리는 것이 오늘날에는 그렇지 않은 경우도 있을 것이다. 근대시기와 오늘날의 완구에 대한 정의나 종류가 반드시 일치하는 것이 아니기 때문이다.

구의 흔적을 찾아보기 어렵다. 그것은 근대 이전엔 서구식 완구가 우리나라에 본격적으로 유입되지 않았던 것과 관련이 있겠지만, 혹여 있다 하더라도 완구에 대해 일반인들의 관심이 적은 탓에 전해오는 기록이 없을 수도 있다.

근대 이전의 아동들도 서구식 완구를 가지고 놀았을 가능성이 없는 것은 아니다. 그러나 본격적으로 우리나라에 유입된 시기는 근대로 볼 수 있다.[3] 필자는 울산 방어진을 조사하는 과정에서 이 지역 아동들 대부분은 근대에 서양식 완구(장난감, 인형)를 처음 접했다는 이야기를 들을 수 있었다. 당시 방어진에 거주해 있던 일본인 아동들을 통해 완구를 처음 본 것이다. 방어진의 일본의 여자 아동들은 인형을, 남자 아동들은 서구식 완구를 주로 가지고 놀았는데, 그런 아동들도 흔히 볼 수 있었던 것은 아니었다고 한다. 방어진에서 만난 한 제보자는 인형이나 완구를 한 번 만져보고 싶어 완구를 가지고 있는 일본인 아동에게 다가가 말을 건넸다[4]고 한다.

울산 방어진 사례를 통해 알 수 있듯 일제강점기 무렵만 하더라도

---

3 근대시기에 볼 수 있었던 완구에 대해서는 『은자의 나라』에 자세히 기술되어 있다.
서울이나 상류 사회 어린이들의 장난감은 매우 깔끔하여 실제 예술품의 경지에 이르고 있었다. 그런가 하면 모든 계급의 어린이 노리개들은 어른 생활의 縮圖品일 따름이다. 살아 있는 애완물로서는 원숭이가 사랑을 받는다. 이 원숭이들은 조끼를 입고 있으며, 포동포동하게 살찌고 할퀴지만 않는다면 어린이들로부터 가장 사랑을 받는다. 강아지들은 바퀴가 달린 호랑이와 함께 보모들의 사랑을 받는다. 아동들은 종이로 만들어 색칠한 이 백수의 왕을 끈에 꿰어 끌고 다닌다. 깡충깡충 뛰는 장난감 水兵은 그것을 끌고 다니는 그 꼬마를 복사한 것에 지나지 않는다. 끈을 잡아당기면 종이로 만든 혓바닥을 날름거리며 나팔을 입으로 가져간다. 관리들의 생활은 日傘과 재미있게 생긴 바퀴가 달린 장난감 전차에서 잘 나타나고 있다. 그밖에 딸랑이, 깃발, 북 등의 장난감들은 성인 남녀들이 즐기는 실물과 꼭 닮았다. 이들은 모두가 이름이 있고 유행이 있으며 조선 특유의 모양으로 장식되어 있다(W.E. 그리피스, 신복룡 역주, 『은자의 나라 한국』, 집문당, 1999, 336쪽).

4 서종원, 「식민지 시기 아동놀이의 실체와 특징-울산방어진 사례를 중심으로-」, 『제14회 단국대학교 동양학연구소 중점연구소 연구과제 학술회의 자료집(개화기에서 일제강점기까지 한국 문화전통의 지속과 변용VI』, 2011, 147쪽).

우리나라의 아동들이 완구를 가지고 노는 모습은 거의 찾아볼 수 없었다. 대도시에 자란 70~80대 이상의 노인들 역시 완구를 쉽게 접할 수 없었다.

이런 점에서 보면 서구식 완구가 우리나라에 유입된 시기는 생각보다 그리 오래되지 않았을 것으로 사료된다. 아마도 오늘날처럼 서구식 완구가 널리 퍼지게 된 시기는 해방 이후일 가능성이 높다.

어찌 되었든 서구식 완구가 우리나라에 유입된 시기는 여러 가지 사정을 종합해 볼 때 근대로 단정할 수 있다. 이런 사실은 앞서 소개한 필자의 현지조사 내용과 근대의 신문기사를 통해 확인할 수 있다. 이 시기는 서구의 다양한 신식문물이 우리나라에 소개되었기에 완구 역시 이 무렵에 유입되었을 가능성이 충분하다.

다른 관점에서 살펴본다면 일제강점기라는 시대적 배경 역시 간과할 수 없다. 우리나라를 지배하고 있던 일본은 아동들이 자연스럽게 전쟁과 군대에 대해 관심을 갖도록 이와 관련된 완구를 아동들이 가지고 놀게 했을 가능성이 높기 때문이다. 이 무렵에 소개된 완구 중에 유독 장난감 병정이 많다는 사실은 이러한 추측을 가능케 해준다.

> 〈시사만화時事漫畵 군국주의軍國主義의 완구玩具〉
>
> 전쟁을 배격한 미국영화 '서부전선 이상없다'는 박림伯林과 계야납繼也納에서 국수주의자國粹主義者에게 배척排斥을 밧더라 전쟁을 찬미讚美하는 그들은 아마도 이와 가튼 완구玩具를 가지고 놀기를 즐겨할 것이다.[5]

---

5 『조선일보』, 1931. 3. 26.

時事漫画 軍國主義의玩具

戰爭을 排擊한 米國映畵『西部戰線異狀업다』는 伯林과 維也納에서 國粹主義者에게 排斥을바덧다 戰爭을讚美하는 그들은 아마도이와가튼玩具를가지고 놀기를즐겨할것이다

어찌 되었든 간에 근대에는 세발자전거·바람개비·하모니까·나팔·장난감병정·풍선·권총·사진기·인형·오뚝기 등등 헤아릴 수 없을 정도로 다양한 서구식 완구가 우리나라에 유입되었다.

그런데 서구식 완구가 정확하게 언제 어떤 경로로 우리나라에 유입되었는지 알 수는 없다. 여러 가지 정황상 미국에서 일본을 걸쳐 우리나라에 소개되었을 가능성이 높다. 물론 개별적인 완구에 따라 차이가 있을 수 있다. 그렇지만 대다수의 완구는 서구에서 만들어진 다음 일본을 거쳐 우리나라에 소개된 듯하다.

國際親善使者
米國人形歡迎會
구월십일에춘천공보교에서

얼마전에미국(米國)으로부터국
제의친선(國際의親善)을목적한
세계아동친선회(世界兒童親善
會)가조작되어동회에서금춘에
국제아동친선을도모하는사자
(使者)가될만한다수한인형(人
形)을만들어멀리태평양을건너
일본으로보낸그중에서다시그
것이조선으로건너와서얼마전
에강원도에도여덜개의인형이
분배되엇다는바그인형의환영
회를십일강원도교육협회주
최로춘천보통학교대강당에서
성대히개최할터이라는데당일
에는춘천읍내각학교륙백여아
동들이회합할터이라더라

방청삼(方成三)의아들방모(方
某)가잇슴을보고달려들어무수
란타하고옷을모도찟첫슴으로
권긔하칭일씨가이를질문한즉
도로(道路)규측상취체권리가잇
다고대답을하엿다하며권긔구
타당한방모는중태(重態)가되
어누엇슴으로피해자측에서는
고소를데긔할터이라더라(아산)

얼마 전에 미국으로부터 국제의 친선을 목적한 세계아동친선회가 조작되어 아동회에서 금춘에 국제아동친선을 도모하는 사자가 될만하다. 수상한 인형을 만들어 멀리 태평양을 건너 일본으로 보낸 그중에서 다시 그것이 조선으로 건너와서 얼마 전 강원도에 여덟 개의 인형이 분배되었는바 그 인형의 환영회를 십일 강원도 교육협회주최로 춘천보통학교 대강당에서 성대히 개최할 계획이라는데 당일에는 춘천읍내 각 학교 육백여 아동들이 회합할 것이라 더라.[6]

6 『조선일보』, 1927. 9. 11.

위의 내용을 통해 당시 많은 사람들은 외부에서 들어온 인형에 대한 관심이 많았음을 알 수 있다. 그리고 외국에서 인형이 들어오면 환영회를 열어 그들을 반갑게 맞아주기도 하였다. 이런 양상은 다른 신문 기사에서도 확인할 수 있는데, 그 내용은 다음과 같다.

> 멀고먼 태평양을 건너서 온 파랑눈의 인형 '쓰규리크'의 얼한아 아가씨가 월전부터 평남 학무과에 머물러 있던 바 평남 교육회 주최로 몰아오는 십오일 오전 열시에 공회당에서 환영회를 개최할 터인데 당일에는 부내에 잇는 유치원과 각소학교 전부가 모여서 성대한 예식을 거행케 될 계획이라더라(평양)[7]

어떤 경로를 통해 완구가 우리나라에 소개되었는지 알 수 없지만 완구에 대한 당시 일반인들의 관심만은 무척 높았던 것 같다. 1930년대 후반에 열린 '완구전람회'는 이런 사실을 명확하게 보여준다.

> 오는 시월삼십일일 삼십일일이틀동안 매일 오전 십시부터 오후 네시까지 녹기연맹부인부와 청화여숙 공동주최로 본성대회 상회 삼층홀에서 작난감 전람회를 개최한다는데 제작품은 즉 배도한다고 한다.[8]

완구에 대한 인기가 높아지자 여러 가지 완구를 자세히 소개한 신

---

7 『조선일보』, 1927. 10. 8.

8 『조선일보』, 1938. 10. 29.

문기사가 등장하였다. 또한 미국처럼 우리나라도 완구대여점이 생겼으면 좋겠다는 의견을 신문에 피력한 경우도 있었다.[9] 기사처럼 우리나라에 완구만을 판매하는 완구점이 등장했다는 기사는 찾아 볼 수 없었으나, 문방구와 백화점, 그리고 상공회의소 등에서 완구가 판매되기 시작하였다.[10] 완구가 일반인들에게 조금씩 알려진 1930년대에 오면서 어린이날과 성탄절 등의 특별한 날에 아동들에게 완구를 선물하는 풍습[11]도 생겨났다.

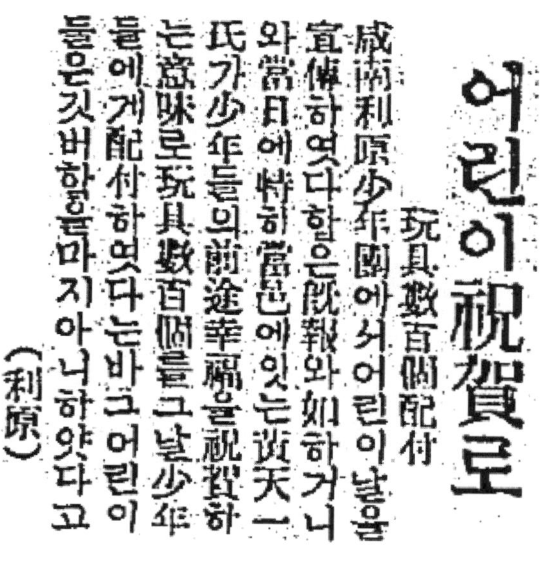
어린이祝賀로

玩具數百個配付

咸南利原少年團에서어린이날을宣傳하엿다함은旣報와如하거니와當日에特히當地에잇는黃天一氏가少年들의前途幸福을祝賀하는意味로玩具數百個를그날少年들에게配付하엿다는바그어린이들은깃버함을마지아니하얏다고(利原)

9 『동아일보』, 1936. 2. 20.

10 당시에는 백화점에서 완구를 많이 판매하였는데, 동아일보의 다음 기사에는 이에 대한 구체적인 기사가 실려 있다.
어린아이에게 상상력을 길러주는 것은 극히 필요한 것입니다. 딸하서 상상력을 닐으키어주는 작난거리가 매우 필요해집니다. 그년 각 **백화점가튼** 데서 어린아이의 발을 끌만한 작난감을 만히 가주처 놋습니다. 또 가정에서도 어린아이에게 리로우리라고 생각하고 흔히들 사줍니다. (이하 생략)〈『동아일보』, 1931. 10. 13〉.

11 『동아일보』, 1934. 12. 9.

> 향남이원咸南利原소년단에서 어린이날을 선전宣傳하였다 합은 기보既報와 여如하거니와 당일當日에 특히 당읍當邑에 잇는 황천일黃天一씨가 소년들의 전도행복前途幸福을 축하祝賀하는 의미意味로 완구수백개玩具數百個를 그날 소년들에게 배부配付하였다는바 그 어린이들은 기뻐마지아니하였다고[12]

> 완구에 대한 호기심이 많았음에도 불구하고 경제적 이유 등으로 완구를 쉽게 구할 수는 없었다. 그렇지만 완구에 대한 관심만은 꽤 높았다. 그것 때문인지 모르겠지만 우리나라 고유의 완구 즉, 향토완구鄕土玩具를 만들어 농촌의 경제를 활성화하자는 주장이 신문에 제기되기도 하였다.[13]

2) 완구에 대한 당시의 인식 양상

서구에서 유입된 완구에 대한 당시의 인식은 비교적 다양한 양상으로 나타난다. 어떤 완구냐에 따라 그러한 인식이 차이가 있을 수 있겠지만 중요한 사실은 당시 많은 이들이 완구에 호기심을 가졌다는 것이다. 근대에는 완구를 포함한 새로운 유형의 놀이문화가 외부에서 유입되었는데, 많은 이들이 이러한 놀이문화에 관심을 갖은 건 당연한 일이라 할 수 있다.

완구를 가지고 노는 대상이 아동이라는 점에서 근대에는 완구의 교육적 가치에 대해 관심이 많았다. 아동들의 교육에 있어 완구가 효

12 『동아일보』, 1924. 5. 7.

13 『동아일보』, 1934. 5. 2.

과적인 것인지에 대한 원론적인 고민과 함께 교육적 가치가 있다면 어떠한 완구를 아동들에게 골라주어야 하는지 등에 대한 논의가 활발하게 이루어졌다. 그렇지만 외부에서 새롭게 유입된 완구의 교육적 가치를 판단하는 일은 당시엔 쉽지 않았다. 따라서 부모나 어른들이 여러 가지 완구 중에서 교육적으로 좋은 것과 그렇지 않은 것을 판단하여 아동에게 줄 경우 이러한 고민을 할 수밖에 없었다. 이런 점에서 보면 예나 지금이나 좋은 완구를 고르는 일은 결코 쉽지 않은 것 같다.

일을 하는 것이 어른의 직무인 것과 같이 작난하는 것이 아이 직무입니다. 아이는 작난하는 가운데서 여러 가지 정신작용을 일으키어 몸을 단련시키고 여러 가지의 경험을 싸아 장래 사회에 나서는 날의 준비를 하는 것입니다. 그런데 아이의 하는 이 긴요한 각난에는 대개 작난감과 열 가지 기구가 필요합니다. 아들이 가지고 노는 작난감과 세간들 나뭇댁이 몰피리 같은 것은 얼듯 보아 온 것도 아닌 것 같지만 이러한 아이들의 자연스러운 작난속에는 큰 교육적으로 끼칠만한 것이 숨어있다는 것을 잊어서는 안됩니다. 따라서 작난감을 사서 줄 즈음에도 그 선택하는 법과 주는 법을 가르치지 않도록 충분주의를 가져야 합니다. 더욱이 도모지 그 수와 모양을 헤아릴 수 없을 만치 많은 가지각색의 작난감에 대하야 일일이 그 선악과 적당 부적당을 살피기는 쉽지 않습니다. 아이의 나아와 성격에 따라서라도 여러 가지 조건 달러질 것임으로 교육상 효력이 있을지언정 해는 없고 기술이 늘어가도 또 미적이며 위생에도 위험하지 않고 그러고도 비교적 값이 싼 것이라면 이것은 작난감에 표준감이 될만 하겠습니다.(이하 생략)[14]

많은 이들이 이러한 고민을 했던 연유는 앞서 언급했던 것처럼 완구에 대한 인식이 이전과는 확연히 달랐기 때문이다. 완구가 교육적으로 좋은 도구라고 생각하는 이도 있었지만, 어떤 이들은 아동들의 사행심을 조장하는 대상으로 인식하였다. 완구를 부정적으로 인식한

14 『동아일보』, 1931. 6. 17.

사람들은 완구를 가지고 놀 경우에 아동들의 신체와 정신 건강에 문제가 있을 수 있다는 점을 부각시켰다.

부정적 인식을 가지고 있던 사람들은 아동들이 완구를 가지고 놀 경우 도박심리가 생길 가능성이 높다고 생각하였다. 권총 등의 완구를 가지고 놀다 보면 저절로 도박심리 내지 폭력성이 생겨나게 된다는 것이다. 완구가 아동들의 신체발달 과정에 좋지 않은 영향을 줄 수 있다는 기사도 어렵지 않게 볼 수 있다.[15]

어떤 이들은 완구를 전염병을 옮기는 대상으로 인식하였다. 그러한 인식의 바탕에는 완구의 재질이 오늘날처럼 좋지 않은 탓도 있지만, 입으로 부는 완구를 친구들끼리 돌려가며 놀다보면 자연스레 전염병이 옮길 수 있다는 생각이 깔려 있었다. 후자의 경우는 다음의 기사를 통해 구체적으로 확인할 수 있다.

> 아이들이 즐겁게 가지고 노는 작난감은 없어서는 안 될 것인데도 위험성도 많습니다. 그것은 작난감에서 전염병이 배게 되는 까닭입니다. 잠깐 생각해봐도 나발, 고무풍선, 피리 하모니가 등입니다. 이것은 어느 것이나 입으로 불기 때문에 늘 더러운 것이 입으로 들어가기 있습니다. 새것을 사왔을 때도 한번소독해주고 아이들끼리 서로 빌려 부는 것은 주의하도록 어머님이 일러주십시오.[16]

그렇다고 해서 당시 완구에 대한 인식이 부정적인 것만은 아니었

15 『동아일보』, 1927. 4. 2.

16 『조선일보』, 1939. 4. 9.

다. 여러 가지 면에서 좋은 도구임을 보여주는 기사도 적지 않다.[17] 특히 근대식 학교가 등장하고 서구의 관념이 유입되면서 완구는 아동들의 교육에 있어 중요한 교육도구로 인식하였다.[18] 아동에 대한 관념이나 인식이 변화되면서 완구는 아동들이 가지고 노는 단순한 놀이도구가 아니라 교육적으로도 훌륭한 도구라는 인식이 널리 확산된 것이다. 당시의 신문 기사에서는 이런 내용을 어렵지 않게 발견할 수 있다.

완구의 교육적 가치에 대한 인식이 널리 퍼지면서 아동을 둔 부모나, 아동들이 모여 있는 유치원에서는 연령 등을 고려하여 아동들에게 좋은 완구를 골라주고자 노력하였다. 완구를 통해 아동들의 성장과정에서 부족한 부분(인내심, 창의력 등)을 채워주고자 했던 것이다.

3) 근대의 아동 교육과 완구

이전 시기와 달리 근대에는 아동에 대한 관심이 높아졌다. 그 이유는 여러 가지 측면에서 고민할 수 있겠지만, 무엇보다 근대적 사고의 도입과 함께 근대식 학교가 등장했다는 점을 중요한 요인으로 꼽을 수 있다. '어린이 날'이 제정되고 어린이 관련 잡지가 발간되었다는 점 등이 이를 증명한다. 또한 전통시대와 달리 아동을 하나의 주체로 인식하기 시작한다.

---

17 어떠한 작난감이냐에 따라 특히 이러한 인식이 차이가 있었다. 나무조각이나 아이들이 직접 조합하여 만드는 완구, 그리고 상상력을 유발하는 완구는 선호해야 하지만, 투기심을 유발하는 쌍륙이나 화투, 그리고 고무나 셀룰로이드로 만들어진 완구는 비선호의 완구로 인식하고 있다.

18 대표적인 기사가 『매일신보』의 〈과학교육을 위해서는작난감은 선택할 것〉(1942. 7. 5), 〈아동에 대한 완구교육〉(1920. 6. 5)가 있다.

아동과 아동 교육에 대한 관심이 높아지면서 완구를 교육에 활용하자는 기사가 자주 등장한다. 주로 아동의 성장과정에 따라 적절한 완구를 골라주어야 한다는 내용이다. 이런 양상은 오늘날도 크게 다르지 않다. 가령 1세 아동과 2~3세의 아동에게 맞는 완구를 골라 주어야만이 교육적으로 효과가 높다는 것이 그러하다. 당시에도 이런 유형의 기사가 자주 등장한다. 『매일신보』의 〈유치원에 단일 때는 어떠한 작난감이 그들에게 필요할가〉와 〈거름을 배울 때 주는 작난감〉가 대표적이라 할 수 있다.

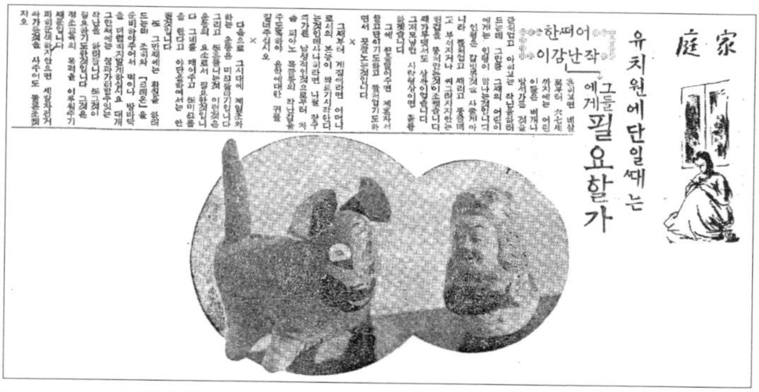
家庭

유치원에단일때는

어떠한작난감이 그들에게필요할가

거름을배울때에주는작난감

고무공과 목말이조타

많는 아이는 갓 태어나서 육칠 개월만 되면 기게 되는데 그걸 때에는 될 수 있는 대로 기어단이게 하야 많이 걸음을 배우도록 걸어야 할 것이다. 그러나 재롱을 보기 위해서라든지 또는 많이 걸고자 하는 마음에서 무리하게 서들면 다리가 휘어질 수도 있다. 주의 하십시오 제일 조흔 것은 문이 잘 열리지 않는 방에 고무공과 같은 것을 주면 제 혼자서 그것을 쫓아다니느라고 넘어지고 또 벽을 붙잡고 일어서게 될 것입니다. 일어나 힘이 없으면 길 것이니까 다리가 휘어질 염려는 없습니다. 주의할 것은 세 충까지 층층대대에 헝겊을 싸둡니다. 영리한 아이란 결국 많이 걷는 아이 말을 일찍 하는 아이 치아가 먼저 나는 아이를 가르침이 겠는데 이것으로 귀여운 젖먹이의 멘탈테스트를 하여봄도 좋겠습니다.[19]

또한 완구를 활용한 아동 교육이 본격적으로 시작되었음을 당시의 신문을 통해 엿볼 수 있다. 특히 서구의 다양한 교육제도가 유입되면서 수학과 과학 등을 잘하기 위해서는 아동에게 어떠한 완구를 골라 주어야 하는지 등이 신문에 소개되었다. 당시 일반인들이 생각하는 좋은 완구란 아동의 상상력을 자극하는 것인데, 여러 완구 중에서 점토나 나무 조각을 좋은 완구로 인식하였다. 당시의 어른들이 생각하는 좋은 완구란 아동들이 직접 만들어 볼 수 있는 것이었다. 반대로 인공을 가한 완구, 가령 소리가 나는 완구, 이미 완성된 완구 등은 가격만 비싸지 아동들 교육에 별 도움을 주지 못하는 완구로

---

19 『매일신보』, 1938. 11. 16.

인식하였다.[20]

어떠한 완구냐에 따라 차이가 있겠지만 완구를 통한 교육의 주된 목적은 아동들의 지혜개발, 좋은 습관과 성격 양성, 미적 감각 증가, 지식습득, 과학적 사고 배양, 사회성 및 자율성 습득 등이었다. 예를 들면 침작하지 못한 아동에게는 그림책과 그림 맞추는 것 같은 머리 쓰는 완구를 주어야 하고, 몸이 약한 아동에는 공이나 그네, 스케이트, 자전거 등을 주어 아동의 성격이나 습관을 고칠 수 있는 완구를 주어야 좋다는 것이다.

母親常識

작난감은

아이들발육에 절대필요하다

난지한달되면서부터 여섯살까지는이러케

귀여운 자녀들의 발육에는영양분잇는 음식을 먹이는 것도필요하지만그밧게 아이들의 정신적지능을발달식히고 수족을 운동식히는 작난감을 알맛게주는것도필요합니다 난지한달쯤되면 차차작난감을 주기시작하야 신체의발육됨에짜라서 적당한작난감을줄필요가잇스니 작난감의 선택은 결코총명한어머니의 지식과 애정을토대로하여야완전히 할수잇는것입니다

○○―

돌까지는 두손과두팔을 움즈기는 작난감이좃슴니다 생후넉달까지는 세르로이드로 만든 소고갓흔것으로 위험하지안코 자미잇게 소리듣는을수잇는것이좃슴니다 불붓기쉬운 세르로이드대신「세르판」으로만든작난감도 좃켓슴니다 다섯달쯤되면 조희쪽을국이기도하고 찟기도하는데 흥미를 늣기게됩니다 여섯달쯤되면 꿍이나소고보다도음악적인작난감―가령목금(木琴)갓흔것―을 주십시오 여덜달이되면크다란 그림책또는줄작난하는긔구가조흐며 아홉달이되면 여자면소꿉작난감이 조켓고 그밧게는 쌀도조흐며만한살이갓가웁거든 인형 개 고양이 망원경갓흔것도좃슴니다돌이지나서 두살되기까지에는두팔과 동체의발달을도음만한 크게생긴작란감이 좃슴니다 써켓 국자 꿍 積木 소꿉세간 인형고무나나무로만든동물 또는작난감집(家屋) 갓흔것이 좃슴니다 그리고이때쯤되면 걸터안는의자형(椅子型)의 전네를매여주는 것도 좃슴니다

○○―

만두살노부터 네살까지는 지식과운동력이늘고 여러가지 상상력을움즈겨서 건설적(建設的)인힘을 기를수잇는종류의 작난감이필요합니다

아이들은 인형갓흔것도 함께 다리고 목욕을할냐고드는만치 장식적인것보다는 물질을하야도관계업는것이 좃켓슴니다이밧게 긔차 군함자동차 풋볼 갓흔것도좃슴니다

이시대의 아이들은건설적(建設的) 인적목(積木)을큰놈으로골나주도록하는것이 좃슴니다 이박게남자면목수의연장 모래점토(粘土) 크레온 칠판 북 피리 갓흔것도적당합니다

○○―

네살노부터 여섯살까지…이시대는상상력과건설력이 발달되는 시긔인니다 그리고수효를 세임줄아닛가 물건을셈을치든지 기린를재본다든지하랴고 듬니다 또긔게적인것화학적(化學的)인것 전긔를리용하는 작난감갓흔것도갓고십허합니다 그럼으로 인형 빨내하는작난감 풍금 나팔 피아노 적목(積本)圓 圓筒 三角갓흔여러가지 모양을석근것) 그림책 긔게를드덧나 마첫다할수잇는 작난감이 좃켓슴니다

이와갓치 나희에짜라서 알마즌 작난감을 주도록하여야할것이며 어머니되시는분은 이방면의 상식을길느도록하여야합니다

20 『동아일보』, 1931. 10. 13.
아이들의 작난감 중에는 나무 조각이 제일 좋았던 것으로 보인다. 당시에는 아이들의 정신, 교육, 위생상 나무 조각이 아이들에게 적당한 완구로 인식하였다.(『동아일보』, 1932. 2. 26).

당시 많은 이들은 아동에게 어떠한 완구를 주어야 하는가에 대해 고민을 하였다. 아동을 둔 부모나 완구를 아동에게 선물할 사람이라면 한 번쯤 이러한 고민을 했던 모양이다. 완구에 대한 상세한 지식이 없다보니 좋은 완구를 고루는 법을 비롯해, 나이에 맞는 완구 선택법, 심지어 계절에 맞는 완구를 아동들에게 골라주는 요령 등이 신문에 소개되었다.

> ① 어른의 취미로 고르지 말고 어린이이 발육정도를 생각할 것, ② 가격의 高低보다도 작난감 자신의 가치를 생각할 것, ③ 깨지기 쉬운 것 빗갈 벗겨지기 쉬운 것은 되도록 피할 것, ④ 어린이들의 희망은 어느 정도까지는 만족시키고 어느 정도까지는 참도록 하실 것[21]

같은 기사에는 아동들에게 완구를 가지고 놀게 할 때 주의해야 할 내용에 대해서도 언급하고 있다.

> ① 마음껏 작난감하고 놀게 할 것, ② 소중히 하게 할 것, ③ 다소 놀고 나선 잘 간수하게 할 것, ④ 깨진 것은 고치든지 혹은 그 조각을 다른데 이용하게 할 것[22]

신체발달과정에서 어떠한 완구를 아동에게 주어야 하는지를 고민하는 내용이 담긴 기사도 자주 등장한다. 가령 갓 태어난 아동에게

21 『매일신보』, 1935. 5. 24.

22 『매일신보』, 1935. 5. 24.

주는 완구와 6~7세 된 아동에게 주는 완구를 달리해야 한다는 내용이 그것이다. 이 시기의 완구 관련 기사에는 신체 발달시, 생후 3~6개월, 생후 7~8개월, 생후 1~2년, 생후 3년, 생후 6~7년으로 구분하여 각각에 해당되는 아동에게 어떠한 완구가 좋은지를 자세히 소개하고 있다.

4) 완구와 관련된 사건과 사고

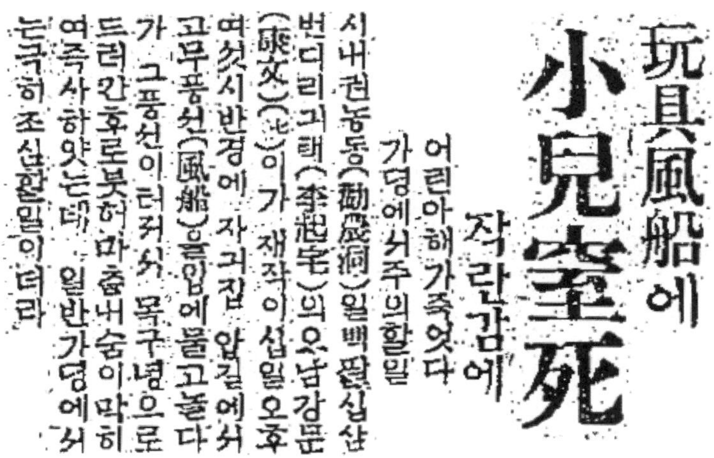

玩具風船에
小兒窒死
작란감에
어린아해가죽엇다
가뎡에서주의할일

시내권농동(勸農洞)일백팔십삼번디리긔택(李起宅)의오남강문(康文)(七)이가재작이십일오후여섯시반경에자긔집압길에서고무풍선(風船)을입에물고놀다가그풍선이터져서목구녕으로드러간후로못허마춤내숨이막히여죽사하얏는데일반가뎡에서는극히조심할일이더라

신문을 통해 근대의 완구를 접하는 과정에서 유독 사건·사고와 관련된 기사가 자주 등장했다는 사실을 알 수 있었다. 신문의 성격상 사건·사고를 다룬 기사가 자주 등장한 것은 어찌 보면 당연한 일이다. 그렇지만 일반인들이 완구를 제대로 인지하지 못하여 벌어진 사건·사고가 당시에 많았음을 유추해 볼 수 있다. 실제로 화약이 첨가된 완구를 잘못 다뤄 발생되는 사건·사고, 완구를 만드는 재질에 유해성이 포함돼 있어 아동들이 입에 넣어다 벌어지는 사건·사고 등이

다수를 차지한다.

사건·사고와 관련된 신문기사에서 자주 볼 수 있는 것이 바로 완구 권총을 이용하여 은행을 털거나 다른 사람을 위협하여 금품을 갈취했다는 내용이다. 당시 여러 지역에서 이러한 사건·사고가 발생했다. 여기에서는 금산 지역에서 있었던 내용을 소개하고자 한다.

> 지난칠일 오전 열시경에 전북 금산군 목수면 지량리 김진래씨 집에 단도가진 강도 세 명이 들어와서 주인이하 전가족과 그 집에 온손까지 죽인다고 위협한 후 전부 뒤로 걸박하고 모다 이불을 쌓아놓고 집안 살림을 뒤진 후 현금 이원 의복 십 여집을 강탈하고 잔락감 '피스톤'을 두 방이나 놓으며 돈을 더 내라고 협박하나 현금이 없다 한즉 신고들 하든지 소문을 내면 좋지 못하리라 하고 도주하였는데(후략)[23]

완구 권총을 들고 은행에 들어가 돈을 갈취하는 경우도 있었지만, 보다 대범하게 버스에 올라타 운전사와 승객들을 협박한 경우도 있었다.

아동들이 완구를 가지고 놀다 벌어지는 사건·사고도 많았다. 당시의 완구들이 오늘날에 비해 정교하게 만들어지지 않은 것이 주된 이유지만 생소한 완구를 잘 못 다뤄 발생하는 사건·사고가 적지 않았다. 특히 풍선을 가지고 놀다 목숨을 잃는 경우가 많았는데, 입에 물고 있던 풍선이 터져 그 파편이 목구멍으로 넘어가는 사례가 종종 있

---

23 『조선일보』, 1927. 5. 11.

었다. 다음 기사 내용을 통해 이와 관련된 당시의 실상을 자세히 엿볼 수 있다.

> 지난 이십일 육일에 평양부 경창리 칠십구번지에 사는 리선두의 장녀 리혜경은 학교에서 몰아와 '고무'풍선구를 사가지고 불면서 놀다가 풍선구가 터지며 그 터진 조각이 입으로 들어가 기관이 막혀 즉시 죽었다는데 곳 귀홀병원으로 다려다가 꺼냈으나 소생하지 못하였다는바 어린이 기르는 일반 부형들은 한층 주의를 해야겠다더라(평양)[24]

또한 제작 기술이 부족한 연유로 해로운 독이 들어있는 완구를 가지고 놀다 발생하는 사건·사고도 있었다. 완구에 독이 들어 있는 것이 많았기 때문에 완구를 가지고 노는 아동들은 완구를 절대로 입에 대지 않도록 당부하는 신문기사도 종종 등장한다. 완구 중에서도 특히 짙은 빛깔(색)을 띠고 있는 것이 해로운데, 이들 완구를 절대 입에 대지 말 것을 당부하는 기사도 보인다.

> (생략) 그런데 작난감 중에는 위생상 극히 해로운 것이 적지 않습니다. 아이들의 작난감 중 고무점토라는 것이 이즈음 대유행을 합니다. 이것은 무르고 부드러워서 맘대로 여러 가지 모형을 만들 수 있음으로 교육상으로 보아도 여간 의미 깊은 것이 아니며 아이들 자신들도 비상히 기뻐하는 것입니다. 그러나 이 고무점토 속에 섞여 있는 색소 즉

24 『조선일보』, 1927. 4. 30.

> 물감에는 유독물의 섞여 있습니다. 그것이 손에 묻었다가 간접으로 입으로부터 몸에 침입하거나 또는 만지고 있는 동안에 피부부터 배어들어가서 해를 끼칠 염려가 잇습니다. 일찍이는 크롬산연酸鉛이라는 무서운 독기 있는 약품을 섞어 황색의 색소를 내어 쓴 작난감이 다 있었습니다. 더구나 색연필과 크레용 같은 것도 마찬가지로 교육상 없지 못할 거지만 이것도 사용하는 색소에 따라 충분히 주의를 시켜야합니다. 그러고 제일 아이들에게 이런 것을 입에 대지 말도록 엄중히 경계를 시켜야합니다. 대개는 색깔이 덜 진할수록 덜 위험합니다.[25]

화약품이 들어있는 완구를 잘못 다뤄 화재가 발생하는 일도 있었다. 오늘날에도 화약이 들어 있는 완구를 판매할 경우 각별히 신경을 쓰고 있는데, 특별한 규제가 없다보니 이러한 완구가 시중에 판매되었던 모양이다. 그래서 당시의 신문에는 이런 사건·사고를 막기 위해 화약이 들어간 화약 완구를 가급적 사지 말 것을 당부하는 내용의 기사가 실리곤 하였다.

> 시내동대문경찰서 보안계에서는 저번 관내의 화재중 이십육일 밤에 일어난 창신동 이백 칠십삼 번지 리태순의 집 화재는 아이들의 화약 작란의 실화인 것이 판명되었음에 빗죄여 구력 연말연시를 당하여 이 화약 작란이 심할서심으로 리태순의 집 화재 원인이 된 태전오련발 작란감 화약은 물

25 『동아일보』, 1931. 8. 14.

론 그 외에도 실화 될 염려가 있는 작란감 심화약은 관내 상점을 조사한 후에 판매의 금지를 단행할 터이라 한다.[26]

2. 실내유희

1) 실내유희의 개념과 연구 목적

장난감과 함께 근대에 새롭게 소개된 놀이문화가 바로 실내유희室內遊戲다. 실내유희는 한자 그대로 실내에서 즐기는 놀이다. 하지만 실내유희라 할 수 있는 놀이는 근대 이전에도 있었다. 공기놀이와 다리세기 등의 놀이가 그러하다.[27] 그런데 여기에서 집중적으로 다루고 있는 실내유희는 이 무렵에 소개된 것들을 이야기한다. 단정할 수 없지만 근대에 외부에서 소개된 실내의 놀이를 '실내유희'라고 불렀던 것으로 보인다. 실내유희는 주로 방안에서 놀았던 것으로 보인다. 그런 연유로 실내유희는 적은 인원으로 간단하게 놀 수 있는 것들이 대부분이었다. 그리고 실내유희는 여름보다 겨울철에 많이 행해졌을 가능성이 크다. 실제로 근대의 신문과 잡지에 실린 실내유희 대부분은 겨울철에 주로 행해졌다.

신문과 잡지에 실린 것보다 실내유희의 종류는 훨씬 더 많았을 것이다. 그렇지만 현 시점에서 당시에 얼마나 많은 실내유희가 있었으며, 이들 놀이가 어느 정도의 대중성을 확보하고 있었는지를 파악하

---

26 『조선일보』, 1935. 2. 1.

27 전통의 민속놀이인 승경도·장기 등의 놀이도 넓은 범주에서 실내유희라 포함시킬 수 있다. 하지만 실내유희라는 용어가 근대에 등장하였다는 점에서 이 무렵에 새롭게 등장한 실내 놀이를 지칭하는 것임을 짐작할 수 있다.

기란 쉽지 않다. 다만 당시의 신문과 잡지에는 다양한 형태의 실내유희를 소개하고 있다.

실내유희를 살펴보는 과정에서 이 놀이가 이 시기에 등장한 배경이 궁금해졌다. 이러한 부분을 해결하기 위해 다양한 형태의 실내유희를 소개하고, 이를 토대로 어떤 연유로 이 놀이가 이 시기에 등장했는지를 살펴볼 것이다.

2) 실내유희의 종류

잡지와 신문 자료를 종합적으로 살펴보면 실내유희는 크게 언어유희, 신체유희, 도구유희, 숫자유희로 나눌 수 있다. 관점에 따라 보다 다양한 양상으로 구분할 수 있겠지만 종합적으로 살펴 볼 때, 네 가지로 분류하는 게 타당하리라 생각된다. 일부 놀이 중에는 네 가지 분류에 포함시키기 어려운 것도 있었다.

(1) 언어유희

근대의 실내유희 가운데 많은 비중을 차지하는 놀이가 바로 언어(말)를 이용한 유희이다. '수수께끼'처럼 문제를 내면 다른 사람이 맞추거나,[28] 혹은 '끝말잇기'처럼 앞 사람이 말한 단어의 끝말을 가지고

---

28 당시 잡지에 소개된 대표적인 수수께끼를 소개하면 다음과 같다.
나는 새의 새끼가 날지 못하는 것이 무엇?-구더기
나무문으로 드러 가서 쇠문으로 나와서 더운물과 찬물에 목욕하고 고대 밭에 두러운 것이 무엇?-국수
나갈 때나 드러 올 때나 지는 것이 무엇?-문
나갈 때는 점잖고 드러 울 때는 소리하는 것이 무엇?-물동이
나래 없이 날아가는 것은 무엇?-연기
늙어서 고와지는 것이 무엇?-고추
눈뜨고 잠자는 것은 무엇?-토끼(「수수께끼 外」, 『한글』7권 9호, 1939. 10, 30쪽).

다음 사람이 또 다른 단어를 이야기하는 놀이가 여기에 해당된다. 근대에는 이 두 가지 형태 이외에 다양한 언어유희가 있었다. 오늘날의 '삼육구(3, 6, 9)'놀이와 마찬가지로 돌아가면서 숫자를 말하다가 미리 정해놓은 숫자가 되면, 그 숫자를 말하는 대신 다른 소리를 내는 '뻐스'도 언어유희에 해당되는 실내유희이다. 당시 『동아일보』에는 이 놀이를 다음과 같이 소개하고 있다.

【六】「뻬 스」

인원수효, 다섯사람으로 一열흔사람(혹그이상)

운동처소, 운동장 운동실 아모방이나 (혹의자의걸어앉인대서라도)

유희의방법

이유희는 수학적유희이니 대단히 중요한유희요 기억력을 양성할수잇읍니다.

유희를 할사람들이 다뿡그랗게 둘러앉고 그중누구든지 한사람이 먼저시작하야 「하나」하면 그다음사람은 「둘」「셋」으로 헤여나가다가 「일곱」에이르러는 일곱대신 「뻬스」라하고 계속하여 「여덜」「아홉」하지나 작고그다음을 불러 헤이다가 「일곱」의 배수(倍數)열넷이나 스물하나 스물여덟이나 일체모든 일곱의배수는 다이 「뻬스」로 대신할것입니다.

좀더 곤란한방법을 바꾸어서 일곱의 배수로말고 일곱이드러간수는 「뻬스」로하기를 작정하야 방법을 변하는것도 무방하니 다시말하자면 꿋열일곱 스물일곱 설흔일곱 마흔일곱의 다음다음의 수를 다 「뻬스」로 대신할것입니다.

누구든지 「뻬스」할경우에 아니하고 그대로 수로헤이든지 또 「뻬스」아니할곳에 「뻬스」를 불든지 그수를 잘못헤이든지(가령열둘다음에 열넷을부르는것같은것)하면 저는 자기에게잇는 물건하나를 바치고 작란이다미칠때 대장이나 인도자가 무엇을시키든지 [illegible] 생의소리를 하라든지 절대보증을 하고 그물건을찾고 떨어저나오기도하며 계속할수도잇읍니다 유희를계속하야 그실수를한 사람부터 또다시시작하야 처음과가치 또시작할수잇읍니다.

물러앉은 사람중에 세번이상의 작란에실수를 한는사람은 이유희에서 아조빠저나오기도하며 그빠저나온사람은 조용히 앉저잇을것이오 또이러케 빠저나자가 많이 생기는대로 남어지사람은 점점정신을더차려서 유희를 자미잇게진행할수잇읍니다.

■ 언어유희 1-'뻐스'

인원수효: 다섯 사람으로 -설흔 사람(혹 그 이상)

운동처소: 운동장, 운동실, 아모 방이나(혹은 자의 걸어앉은 대서라도)

유희방법: 이 유희는 수학적 유희니 대단히 종용한 유희요 기억력을 양성할 수 있습니다.

유희를 할 사람들이 다 둥그렇게 들러 앉고 그중 누구든지 한사람이 먼저시작하야 '하나'하면 그다음 사람은 '둘', '셋'으로 헤여 나가다가 '일곱'에 이르러는 '일곱'대신 '뻐스'락하고 계속하여 '여덟' '아홉'을 지나 작고그다음을 돌려 헤이다가 '일곱'의 배수 열넷이나 스물하나 스물 여덟이나 일제 초든 일곱의 배수는 다시 '뻐스'로 대신할 것입니다. 좁 다른 방법을 바꾸어서 일곱의 배수로 말고 일곱이 드난 수는 '뻐소'로 하기로 작정하야 방법을 변하는 것도 무방하니 다시 말하자면 곳 열일곱 스물일곱 서른 일곱 마흔 일곱의 다음다음 수를 다 '뻐스'로 대신할 것입니다. 누구든지 '뻐스'할 경우에 아니하고 그대로 수로 헤이든지 또 '뻐스'아니할 곳에 '뻐스'를 넣든지 그 수를 잘못 헤이든지 하면 자기에게 있는 물건하나를 바치고 작란이 다 미칠 때 대장이 인도자가 무엇을 시키든지 예를 들면 코밑을 잡고 맴을 돌다 던지 짐승의 소리를 하라든지 절대로 종을 하고 그 물건을 찾고 떨어져 나오기도 하며 계속할 수도 있습니다. 유희를 계속하야 그 실수를 한 사람부터 또 다시 시작하야 처음과 가치 또 시작할 수 있습니다. 둘러앉은 사람 중에 세 번 이상의 작란에 실수를 한사람은 이 유희에서 아주 빠져 나오기도 하며 그 빠져 나온 사람은 조용히 앉아 있을 것이오 또 이렇게 빠진 자가 많이 생기는 대로 나머지 사람은 점점 정신을 차려서 유희를 재미있게 진행할 수 있습니다.[29]

室內遊戲

(五) 번호부르기

이작난은 아무런 준비도 없읍니다 무슨 작난을 하고 놀까— 하고 작난 거리를 생각 하실때 문득 이 작난을 생각해 내시면 그자리에서 여러 분이 다 가치고 그 다음번호 「하나」를 불읍니다 이와갈이 번호를 「하나」에서 「일곱」까지 또 「하나」에서 「일곱」까지 되푸리하여 갑니다. 이 순서는 바른편으로가던지 왼편으로가던지 그것은 자유입니다. 자기차례가 실수없이 넘어갓다고 안심하고 정신놓고잇다가 다시 돌처서 자기차례가 되엿을때 덤비면서 ... 대신으로 「넷」하고 말을한다던지 머리를 ...어서 모두웃음거리가 되기도합니다.

누구던지 번호를 잘못불럿던지 「넷」이나 「일곱」에서 소리를내인 사람은 한번잘못할때마다 화루나 가루를 한장씩받기로합니다 시간을십분이나 이십분이나 정하여놓고 그시간안으로 화루장을 많이 가진사람은 진것이되니까 벌로 무엇이던지 하나식 하는것도 퍽 재미잇겟지요.

「둘」합니다 이러케 「셋」까지 불느고 「넷」이 될때에는 이번호를 불을 차례가 된 사람은 입으로 「넷」 하지말고 그대신 바른손으로 나온 손으로 턱 아래를 한번 쑥— 문질읍니다 입으로 「넷」하고 불은 사람은 벌받습니다. 바른손으로턱 아래를 쑥— 하고 문질으면 손들이

■ 언어유희 2-‘번호부르기’

이 작난은 아무런 준비도 없습니다. 무슨 작난을 하고 놀까 하고 작난거리를 생각하실 때 문득 이 작난을 생각해 내시면 그 자리에서 여러 분이 다 가치고 그 다음번호 ‘하나’를 불습니다. 이와 같이 번호를 ‘하나’에서 ‘일곱’까지 또 ‘하나’에서 ‘일곱’까지 되풀이 하여 갑니다. 이 순서는

29 『동아일보』, 1934. 1. 5.

> 바른편으로 가든지 왼편으로 가든지 그것은 자유입니다. 자기 차례가 실 수 없이 넘어 갔다고 안심하고 정신 놓고 잇다가 다시 돌아서 자기 차례가 되었을 때 덤비면서 턱을 문질대신으로 '넷'하고 말을 한다 던지 머리를 쓸어서 모두 웃'물'합니다. 이렇게 '셋'까자 부르고 '넷'이 될 때에는 이번호를 불을 차례가 된 사람은 입으로 '넷'하지 말고 그 대신 바른손으로나 왼손으로 턱 아래를 한번 쑥 문질렀습니다. 입으로 '넷'하고 부른 사람은 벌 받습니다. 바른손으로 턱 아래를 쑥-하고 문지르면 소통이 되기도 합니다. 누구든지 번호를 잘못 부르던지 '넷'이나 '일곱'에서 소리를 내인 사람은 한번 잘못 할 때마다 화투나 가투를 한 장식 받기로 합니다. 시간을 삼분이나 이십분이나 정하여놓고 그 시간 안으로 화투장을 많이 가진 사람은 진 것이니까 벌로 무엇이던지 하나씩 하는 것도 퍽 재미가 있겠지요.[30]

(2) 신체유희

신체유희는 언어·도구유희와 달리 신체만을 이용하여 노는 놀이를 말한다. 가위바위보처럼 도구 없이 신체 부위만을 가지고 노는 놀이가 여기에 해당된다. 몇 사람이 모여 손 혹은 발만을 가지고 노는 경우도 있었으며, 손과 발을 동시에 이용하여 노는 놀이도 있었다. 그리고 손으로 특정 모양을 만들어 다른 사람이 맞추며 놀기도 하였다. 대표적인 놀이가 바로 그림자놀이이다. 그림자놀이에서 주로 만들었던 형상은 동물(새, 오리, 코끼리, 말)을 비롯해 특정 모습(코주부 영감, 두

---

30 『동아일보』, 1934. 1. 4.

명의 코주부 영감이 말다툼 하는 모습) 등이었다.

■ 신체유희 1-그림자놀이(말)

말입니다. 두 손바닥을 척 가다대고 두 엄지손가락을 일으켜 세웁니다. 무명지와 새끼손가락을 합쳐 가지고 아래로 떼 우면 아가리를 딱 벌리는 것이 됩니다.[31]

이 시기의 또 다른 신체유희에 '손바닥탑'이 있다. 몇 사람이 손바닥으로 탑을 쌓은 다음, 순서대로 하나씩 빼어 올리며 탑을 쌓는 놀이다. 놀이의 자세한 내용은 다음과 같다.

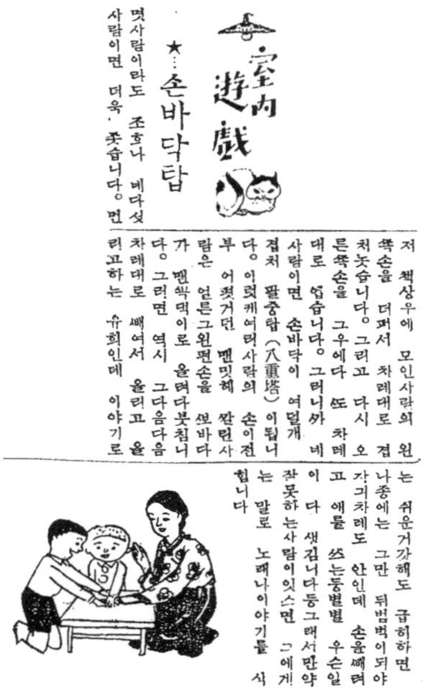

室內遊戲

★…손바닥탑

멧사람이라도 조흐나 네다섯 사람이면 더욱. 좃습니다。면저 책상우에 모인사람의 왼쪽손을 더펴서 차례대로 겹처놋습니다。그리고 다시 오른쪽손을 그우에다 또 차례대로 엽습니다。그러니까 네사람이면 손바닥이 여덜개 겹처 팔중탑(八重塔)이 됩니다。이럿케여러사람의 손이전부 어쩟거던 맨밋헤 깔린사람은 얼른그윈편손을 빼바다가 맨꼭댁이로 올려다붓칩니다。그러면 역시 그다음다음 차례대로 빼여서 올리고 올리고하는 유희인데 이야기로는 쉬운거갓해도 급히하면 나종에는 그만 뒤범벅이되야 자기차례도 안인데 손을빼려고 애를 쓰는등별별 우슨일이 다 생김니다등그래서만약 잘못하는사람이잇스면 그에게는 말로 노래나이야기를 식힙니다

31 姜仁順, 「신춘가정유희 누구나 웃고 질깁시다」, 『中央』2권2호, 1934. 2. 1.

■ 신체유희 2-손바닥탑

몇 사람이라도 좋으나 네다섯 사람이면 더욱 좋습니다. 먼저 책상 우에 모인 사람의 왼쪽 손을 덮어서 차례대로 겹쳐 놓습니다. 그리고 다시 오른쪽 손을 그 우에다 또 차례대로 업습니다. 그러니까 네 사람이면 손바닥이 여덟 개 겹쳐 팔중 탑이 됩니다. 이렇게 여러 사람의 손이 전부 엎어 가다 맨 밑에 깔린 사람은 얼른 그 왼편 손을 빼어 맨꼭대기로 올려다 부칩니다. 그러면 역시 그다음 다음 차례대로 빼어 올리고올리고 하는 유희인데 이야기로는 쉬운 거 같아도 급히 하면 나중에는 그만 뒤범벅이 되어 자기 차례도 아닌데 손을 빼려고 애를 쓰는 등 별별 우스운 일이 다 생깁니다. 동그래서 만약 잘못하는 사람이 있으면 그에게는 말로 노래나 이야기를 시킵니다.[32]

(3) 도구유희

신체유희가 신체만을 활용한 놀이라면 도구유희는 도구를 이용하여 논다. 실내유희에서 많은 비중을 차지하고 있는데, 성냥개비를 비롯해 맥주병과 사이다병, 고무줄 등 여러 가지 도구를 이용한 놀이가 근대에 많이 행해졌다. 그리고 이 시기에 등장한 화투와 가투 역시 도구를 활용하여 논다는 점에서 여기에 포함시킬 수 있다. 넓은 관점에서 이 시기에 등장한 서양식 완구도 여기에 해당된다.

이 무렵에 등장한 도구유희에는 '과자뺏어먹기', '공빼앗기'처럼 상대방의 도구를 빼앗는 것도 있으며, '콩나르기', '고리옮기기', '바

32 『매일신보』, 1937. 2. 15.

둑알집기'의 놀이처럼 특정 도구(물건)를 빨리 옮기거나 혹은 많이 집으면 이기는 놀이도 있었다. 그리고 종이를 이용하여 간단한 악기를 만들며 노는 놀이, 술래의 눈을 수건으로 가리고 사람을 찾는 술래잡기, 맥주병 혹은 사이다 병을 바다에 놓고 석자 가량의 막대를 가지고 병을 굴려 일정한 거리를 되돌아오는 '도야지몰기' 등도 도구를 이용하여 놀던 근대의 실내유희이다.

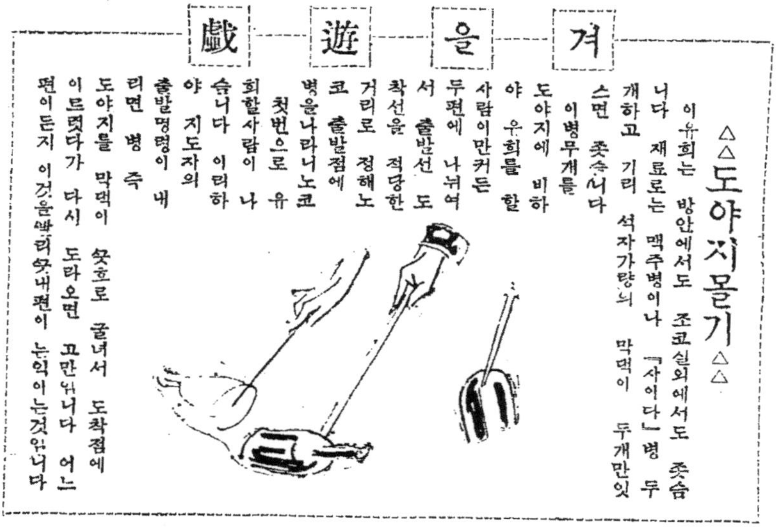

■ 도구유희 1-도야지몰기

이 유희는 방안에서 좋고 실에서도 좋습니다. 재료로는 맥주병이나 '사이다' 병 두 개하고 길이 석자 가량의 막대기 두 개만 있으면 좋습니다. 이 병마개를 도야지(돼지)에 비하야 유희를 할 사람이 많거든 두 편으로 나눠서 출발선 도착선을 적당한 거리로 정해 놓고 출발점에 병을 나란히

놓고 첫 번으로 유희할 사람이 나섭니다. 이리하야 지도자의 출발 명령이 내리면 복도야지를 막대기 끝으로 굴려서 도착점에 이르렀다가 다시 돌아오면 고만입니다. 어느 편이든지 이것을 빨리 끝내는 편이 이기는 것입니다.[33]

그리고 종이와 과자를 활용한 놀이도 있었다. 종이를 활용한 놀이는 '세 번 돌고 나서 동그라미를 꾹'이고, 과자를 활용한 놀이는 '과자에다 겨냥을 대여'[34]이다. 이 중 전자의 놀이는 벽에 손을 대고 세 번 돈 다음, 벽에 붙여 놓은 커다란 동그라미를 손가락을 찌르는 놀이이다.

33 『매일신보』, 1935. 1. 24.

34 서너자 되는 끈을 마조 잡아매는데 맨 가운데 다가 직경 다섯 치쯤 굴레를 남기고 양쪽 끝으로 뽑아냅니다. 그러고 사진과 같이 양쪽 끝을 두 사람이 붙잡고 앉아서 가운데 굴레가 앞에 노인 과자 그릇에 달만치 만듭니다. 그러고 손님되는 사람이(이것도 처음에는 쌍경봉으로 차례를 정합니다.)이 그 과자그릇 앞에 안집니다. 그러면 양끝을 잡은 두 사람이 '어서 좀 집어주십시오'하고 권합니다. 그러면 손님은 '네네 고맙습니다.'하면서 굴레 쏙으로 손을 집어 눠 그릇 속의 과자를 집어냅니다. 이 순간에 양쪽 끗을 잡은 두 살은 똑같이 끈을 바짝 채어 매여 과자를 못 집어내게 합니다. 그래도 용하게 빨리 집은 손님은 상으로 그 과자를 자기가 먹게 됩니다(『동아일보』, 1931. 1. 23).

■ 도구유희 2-세 번 돌고 나서 똥그래미를 꾹

우선 종이에다 커다란 동그라미를 그려 벽에 붙여 놓으십시오. 그러고 나서 우엣 그림 모양으로 단장을 집고 엎드려서 그대로 빙빙 세 번을 듭니다. 돌고나서 벽 쪽으로 걸어가 종이에 그려 잇는 동그라미를 손가락으로 꾹 질러 보십시오. 쿡 찔러 동그라미를 마치는 사람은 백에 한사람 쯤입니다. 한번 해보십쇼. 얼굴을 들어 벽을 본다거나 벽 앞에 가서 한참 잇다 마치면 소용이 없습니다.[35]

또한 여러 가지 도구를 이용하여 노는 놀이도 있었다. '다리건느기'와 '조희배암(뱀)'이 그것인데, 여기에서는 조희배암(뱀) 놀이를 소개하고자 한다.

35 「어서 한번 해보시쇼」, 『어린이』12권 2호, 1934. 2. 20.

■ 도구유희3-조희(종이)배암(뱀)

이것은 대단히 재미있는 작난입니다. 여러분이 학교에서 쓰는 도화용지에다 먹으로 배암(뱀)의 그림을 그려가지고 이것을 그대로 그린 후 화젓가락이나 굵은 철사 끝에다 그림과 같이 감은 후 촛불을 켜놓고 그 촛불 끝에다 갔다 대이면 조희(종이) 배암은 산 놈과 가치 꿈틀꿈틀 합니다.[36]

(4) 숫자유희

숫자유희는 말 그대로 숫자와 관련된 놀이로, 오늘날 학교에서 배우는 산수와 수학문제를 내면 다른 사람이 문제를 풀거나 혹은 맞추는 것과 유사하다. 물론 숫자유희에는 숫자와 관련된 것만 있는 것은 아니다. 도형과 시계를 활용한 놀이도 있었다. 놀이의 성격상 잡지와 신문에 문제를 미리 제시하고, 뒷장을 넘기면 문제의 답을 확인할 수 있도록 하였다. 잡지와 신문을 구독하는 집에서는 아동과 어른이 함께 이러한 문제를 풀지 않았나 싶다.

그런데 당시 이들 매체에 실린 문제의 수준은 천차만별이었다. 쉬운 문제들이 많았지만 일부 문제는 그렇지 않은 경우도 있었다. 이 시기에 신문과 잡지에 실린 문제들 가운데 몇 개를 소개하면 다음과 같다.

■ 숫자 유희 1-티끌모아 태산泰山

정월正月에 쥐 양주兩主가 어디서 나와서 새끼 십이十二마리를 쳐서 어이까지 십사十四마리가 되고 이 일곱 양주兩主

36 『매일신보』, 1937. 1. 27.

가 이월二月에 가서도 또 새끼를 십이十二마리씩 쳐서 어이까지 구십팔九十八마리가 되엿난데 이러케 다달이 한번씩 어이 자식子息, 손자孫子, 증손曾孫, 현손玄孫이 모도다 십이十二마리씩 새끼 치면 일년십이삭一年十二朔 동안에 몇 마리가 되냐 하면(다음에는 월별로 계산을 해놓았다.)[37]

■ 숫자 유희2-時間問題

하루一晝夜에 이십사시二十四時간씩 늦는 시계는 한 시간에 몇 분씩 늦는가?

2. 하루에 열두 시간씩 빨리 가는 시계와 하루에 이십사시간씩 늦게 가는 시계를 삼월 1일 정오에 맞춰 놓았다고 하면 이 두 시계가 똑같이 맞을 대는 몇일날 몇 시이겠나? 이 두 문제를 이분 이내에 대답하면 만족[38]

■ 숫자 유희 3-양초문제

여기에 다섯 개의 양초가 있다. 모두가 불이 붙어서 훤하게 타고 있다. 그런데 지금 일진의 바람이 불어와서 다섯 개 중에서 두 개가 불이 꺼져버렸다. 그러면 남아 있는 양초는 몇 개 인가? 이것은 어느 학교의 멘탈 테스트에 낸 문제, 다섯 개가 남았다고 대답하면 문제없이 낙체는 면치 못할 것이다.[39]

---

37 「少年 數學遊戱-틔끌모아 泰山」, 『少年』 2권4호, 1909. 4. 1.

38 「無風圈」, 『朝光』 7권3호, 1941. 3.

39 無風圈」, 『朝光』 7권7호, 1941. 7.

숫자유희와 관련된 문제 중에는 숫자 이외에 그림 속에서 특정 도형이 몇 개 있는지를 찾는 것도 있었다. 이들 놀이의 명칭은 각기 다르지만 '정방형正方形찾기'가 대표적인 놀이다.[40] 이 놀이와 유사한 것으로 능금(사과)도 있었다.

■ 숫자 유희 4 - 능금

이 원 속에 능금 열 개가 있다. 지금 원을 세 개를 써가지고 이 능금을 하나씩 따로 따로 떼어 놓으려는 어떻게 하면 되겠는가?[41]

3) 실내유희의 등장 배경

실내유희가 지닌 놀이적인 특징 중에 하나는 실외가 아닌 실내에서 즐길 수 있는 것들이 대부분이라는 점이다. 실내 중에서도 특히 집안에서 즐길 수 있는 놀이가 다수를 차지한다. 그리고 앞장에서 소개한 실내유희를 보면 주로 소수의 인원이 참여했음을 알 수 있다. 또한 활동량이 적은 대신 머리를 쓰면서 즐길 수 있는 놀이가 많았다. 숫자유희의 대부분이 그러했는데, 이들 놀이는 단순히 몸으로 즐기는 차원에서 벗어나 머리를 써서 문제를 풀거나 해결하는 놀이다.

이 시기에 등장한 실내유희는 성인보다는 아동이 즐길 수 있는 것들이 많은 비중을 차지하였다. 실내유희에 참여한 아동들은 어느 정도 인지가 발달하고 신체활동이 자유로운 10세 전후의 아동들로 보

40 「無風圈」, 『朝光』7권6호, 1941. 6.
다음 그림 속에서 正方形이 몇 개나 있습니까 똑똑히 정신을 차리고 디래라 보십시오.

41 「無風圈」, 『朝光』7권6호, 1941. 6.

인다. 끝말잇기나 그림자 및 장님놀이를 즐기는 대상이 초등학생이라는 점에서 보면 이 정도 나이의 아동들이 실내유희를 즐겼을 가능성이 높기 때문이다.

여기에서는 이러한 기본적인 내용을 토대로 근대에 실내유희가 등장하게 된 몇 가지 배경에 대해 알아보고자 한다.

(1) 아동 교육에 대한 관심 증가

근대에 실내유희가 등장하게 된 배경 중에 하나는 아동 교육에 대해 관심이 높아졌다는 점을 들 수 있다. 서구식 교육의 등장과 함께 아동 교육에 대한 관심이 높아지면서 이 시기에 실내유희가 등장하게 된 것으로 보인다.

아동 교육에 대한 관심이 증가했다는 점에서 우리는 전통시대와 달리 아동에 대한 인식이 이전 시기와 다른 형태로 변화했다는 사실을 주목해야 한다. 특히 일제강점기에 오면서 그러했는데, 이 무렵에 생겨난 '어린이날'과 잡지 '어린이'는 이러한 흐름을 잘 보여준다.

근대에 오면서 아동의 인식이 변화할 수 있었던 데에는 서구에서 유입된 여러 가지 사상(근대적 사고)이 영향을 주었다. 무엇보다 아동의 권리와 인격 등에 관심이 이전보다 많아 졌다. 다음 세대에 조선을 일으켜 세울 수 있는 대안으로 아동들을 인식하였는데, 그러기 위해서는 교육이 유일한 방법이라 생각하는 이들이 많아졌다.[42]

앞선 시기와 달리 '아동'을 인격적 존재이자 사회적 존재로 파악하여 자녀는 부모의 소유물이 아니라 사회의 귀한 일꾼이라는 인식이

---

42 김혜경, 「일제하 "어린이기"의 형성과 가족변화에 관한 연구」, 이화여대 박사학위논문, 1998, 113쪽.

싹트게 되었다. 이런 사실은 일제강점기 신식 여성을 대표하는 고황경의 주장을 통해서도 엿볼 수 있다. 그녀는 크고 복잡한 국가와 사회를 건설하는 데 가지각색의 일꾼이 필요하기 때문에 부모가 제일 먼저 할 일은 자녀의 재질과 천성을 올바르게 파악하여 아동에게 맞는 일을 잘 찾아서 하도록 지도해주는 것이라고 보았다. 그리고 아동은 부모의 소유가 아니기 때문에 부모 욕심대로 키우지 말라는 이야기를 하면서 부모는 타고난 천품과 소질에 따라 사회에 합당한 인재로 아동을 키우고 교육할 사회적 책임이 있다[43]고 언급하였다.

이런 현실에서 근대의 부모들은 놀이를 활용한 교육 방법에 관심을 갖게 된다. 실내유희 역시 교육적인 부분에 적극 활용된다.[44] 방정환 선생 역시 어린이란 가정의 교육 틀에 의해 일정한 모양으로 주조되어서는 안 되며, 어린이들끼리의 자유로운 놀이를 통한 개성발휘가 가장 훌륭한 방법이라고 주장하였다.[45]

(2) 과학적 사고의 유입

서구에서 유입된 근대적 사고에는 개인주의와 자유주의·합리성(화)·과학적 사고 등이 있다. 이 중 과학적 사고가 실내유희가 등장하는 과정에서 적지 않은 영향을 준 것으로 보인다. 실내유희 가운데 숫자유희는 이 사고의 영향을 받아 등장했을 가능성이 높다. 여기에

---

43 김성은, 「일제시기 고황경의 여성의식과 가정·사회·국가관」, 『韓國思想史學』36, 2010, 한국사상사학회, 445쪽.

44 유희라 하는 것은 아동에 대해서는 자연적 육법이 오며 천연적 건강법이라 하나니 대개 아동이라 하는 것은 이 유희로 인하야 막대한 지식을 얻어 다대한 어휘력을 엇나니 대개 그리 유를 들어 말씀 하올 것 같으 며 흑을 가지고 작난하는 것을 보더라도 알 수 있다 하겠습니다(『매일신보』, 1921. 2. 4).

45 김혜경, 위의 논문, 115쪽.

서 말하는 과학적 사고는 과학을 비롯한 수학과 관련이 많은데, 이들 분야에 대한 관심이 높아지면서 이와 관련된 실내유희가 등장한 것이다. 이 시기의 잡지와 신문에 소개된 정방형正方形찾기, 도르래를 이용한 수학문제, 성냥을 이용하여 정방형 만들기, 양초를 활용한 수학문제 등은 결국 이러한 흐름에서 생겨났을 가능성이 높다. 다음에 소개하는 '삼바리'는 이러한 배경과 관련이 있다.

■ 삼바리

먼저 공기나 컵 같은 것 세 개를 벌려놓고 그 우에다가 성냥 세개를 올려놓고 그 우에다가 다시 컵이나 공기 같은 것을 올려 놓겠습니다. 얼른 생각하시기를 가느다란 성냥 우에다가 어떻게 큰 컵과 공기를 올려 놀 수가 잇겠느냐고 하시겠지만 넉넉히 올려 놀 수가 있으니 어쩝니까? 그런데 절대로 부러질리 없습니다. 그러나 그렇게 한다고 성냥을 꺽어 대논다든지 혹은 세 개의 공기의 거리가 성냥의 거리보다 넓어야 할 것 이며 공기 한 개에 성냥 한끝이 걸치도록 합니다. 그것은 제칠도第七圖의 그림과 같이 걸쳐 놓으면 그 우에 물을 가득담은 컵이나 공기 같은 것도 잘 올려 놀 수가 잇습니다. 시험 삼아 한번 해보시는 것이 조흔 것입니다.[46]

46 姜仁順, 「신춘가정유희 누구나 웃고 질깁시다」, 『中央』2권2호, 1934. 2. 1.

(3) 가족 구성원 간의 친목 도모 및 결속 강화

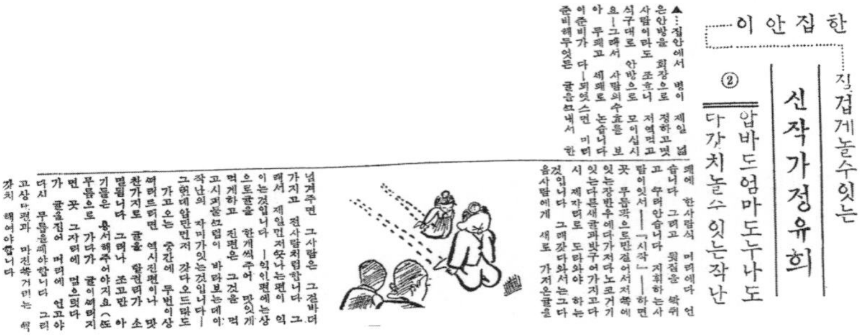

한집안이 징겁게놀수잇는

신작가정유희

②

압바도엄마도누나도 다갓치놀수 잇는작난

▲…집안에서 병이 제일 넓은안방을 회장으로 정하고몃사람이라도 조흐니 저역먹고 식구대로 안방으로 모이십시요—그래서 사람의수효를 보아 두패고 세패로 논습니다 이준비가 다—되엿스면 미리 준비해두엇든 귤을끄내서 한패에 한사람식 머리에다 언습니다 그리고 뒷짐을 꽉쥐고 우려안습니다 지휘하는사람이잇서—「시작」—하면 곳 무릅팍으로만걸어서저쪽에 잇는장반우에다가저다노코거기 잇는다른새귤과밧구어가지고다시 제자리로 도라와야 하는 것입니다 그래갓다와서는그다음사람에게 새로 가저온귤을 넘겨주면 그사람은 그걸바더가지고 전사람처럼합니다 그래서 제일먼저앗나는편이 이이는것입니다 —익인편에는상으로귤을 한개씩주어 맛잇게 먹게하고 진편은 그것을 먹고시퍼둘석텁이 바라보는데이 작난의 자미가잇는것입니다—그런데압만먼저 갓다오드래도 가꼬오는 중간에 두번이상 써러트리면 역시진편이나 맛찬가지로 귤을 탈권리가 소멸됩니다 그러나 조고만 아기들은 용서해주어야지요(또 무릅으로 가다가 귤이써러지면 곳 그자리에 멈으럿다가 귤을집어 머리에 언고야 다시 무릅을떼야합니다 그리고상다편과 마진쪽거미는 색갓치 해여야합니다

근대에 새롭게 등장한 실내유희의 또 다른 특징은 가정 내에서 이 놀이가 행해졌다는 점이다. 실내유희 가운데는 비슷한 나이의 아동끼리 할 수 있는 놀이가 대부분이지만 가족 전체가 함께 할 수 있는 놀이도 적지 않다.[47] 나이가 많은 어른들이 놀이에 직접 참여하기보다는 아동에게 수수께끼나 혹은 수학 및 과학 문제를 풀 수 있도록 문제를 내주는 정도가 전부였다. 일부 실내유희 가운데는 부모가 직접 참여하는 경우도 있었다. 하지만 그 수는 많지 않았다. 앞서 언급했듯이 가족이 함께 할 수 있는 놀이가 적었음에도 불구하고, 근대에

47 이런 모습을 보여주는 대표적인 신문기사가 매일신보에 실린 「정월에 가족 끼리 할 새로운 실내유희 아라 둘 몃가지(一)」(1927. 1. 3.)과 「한집안이 징겁게 놀 수 잇는 신작가정유희-압바도 엄마도 누나도 다갓치 놀수 잇는 작난-」(『매일신보』, 1937. 2. 19)이다. 이 중 후자의 내용을 소개하면 다음과 같다.

집안에서 병이 제일 넓은 안방을 회장으로 정하고 몇 사람이라도 좋으니 저역 먹고 식구대로 안방으로 모이십시오 그래서 사람의 수효를 보아 두 패고 세 패로 논습니다. 이 준비가 다 되였으면 미리 준비해 두었던 귤을 꺼내어 한 패에 한 사람씩 미리에 얹습니다. 그리고 뒷짐을 꽉 쥐고 꾸러 안습니다. 지휘하는 사람이 잇서 '시작'하면 곳 무릅팍으로만 걸어서 저쪽에 잇는 장반 우에다가 저다노코거기잇는다른새귤과밧구어가지고다시 제자리로 도라 와야 하는 것입니다. 그래 갔다 온 다음 사람에게 새로 가져 온 귤을 넘겨주면 그 사람은 그걸 받아 가지고 전 사람처럼 합니다(이하생략).

여러 형태의 실내유희가 등장하게 된 연유는 가족 구성원 간의 친목을 도모하고 결속을 강화하기 위한 목적으로 보인다.

가족에 대한 인식과 관심이 적었던 근대 이전에는 이 부분이 그리 중요하지 않았다. 하지만 가족에 대한 관심이 높아지고 사회 내에서 가족의 역할이 중요해짐에 따라 가족 구성원 간의 친목 도모와 결속력 강화는 많은 이들의 관심사가 되었다. 이런 양상은 서양의 경우도 마찬가지이다. 서양 역시 근대로 넘어오면서 가족 의식이 탄생했을 뿐만 아니라 가족에 대한 관심이 점점 높아졌다.[48]

근대, 그 중에서도 일제강점기는 가족에 대한 관심이 여느 때보다 많았던 시기다. 우리나라를 지배하고 있던 일본은 조선의 가정이 해체되는 것을 두려워했다. 그 이유는 조선의 가정이 붕괴되면 국가를 통치하는 데 있어 도움 될 게 없었기 때문이다. 실제로 대한 제국을 강제 합병(1910년대)한 이후, 정치를 비롯해 사회 전반에 걸쳐 많은 변화가 있었지만 가부장제에 바탕을 둔 가족제도의 기본 규칙은 바뀌지 않았다. 일제는 오히려 가부장제가 갖고 있는 독재적 성향을 이용하고 호주제를 강화하여 일인 중심적 관리체계를 조장·확대하였다. 한 가족의 권력이 가장家長 한 사람에게 집중돼 있을 때, 그 사람만 제대로 관리하면 나머지 가족들은 손쉽게 장악할 수 있었기 때문이다.[49]

이러한 사고는 비단 일본의 경우에서만 확인할 수 있었던 것은 아니다. 근대 우리나라의 지식인들 역시 혈연공동체로 결속되어 오랜

---

48 필립 아리에스, 문지영 옮김, 『아동의 탄생』, 새물결출판사, 2003, 574~575쪽.

49 이승원, 「일제강점기 시에 나타난 가족」, 『인문논총』11, 서울여자대학교 인문과학연구소, 2003, 20쪽.

세월을 살아왔기 때문에 가족의 결속력을 강화하는 것이 시대의 위기에 제대로 대처하는 길이라고 믿었다. 나라가 망했는데 가족마저 해체된다면 개인의 생존 자체가 위험에 빠질 수 있다는 점에서 그러한 생각을 했던 것이다. 이런 연유 때문인지 일본은 아버지-아들-손자로 이어지는 가족의 결속력을 강조하였다.[50]

(4) 야외 활동을 자제시키기 위한 목적

당시의 시대적 분위기를 감안하면 일본이 의도적으로 이 놀이를 보급시켰을 가능성에 대해서도 고려할 필요가 있다. 현 시점에서 이 부분을 명확하게 밝힐 수는 없지만 실내유희가 지닌 특성을 감안한다면 그 가능성은 충분한 것으로 보인다.

3.1운동 이후 일본은 여러 사람이 모이는 집회를 제한하였다. 전통적으로 행해오던 줄다리기와 석전 등의 대동놀이 역시 이 무렵부터 탄압을 받기 시작했는데, 줄다리기의 경우에는 1930년대에 오면서 강제로 해산시키거나 아예 행사를 열지 못하도록 하였다. 일부 지역에서는 줄다리기를 주최하거나 혹은 줄다리기에 참여했던 사람들을 경찰서로 연행한 경우도 있다.

> 옹기, 옹기에 잇는 로동 연합회 회원들과 당지하천공사장 인부들과 측항공사장 인부 등 도합 팔八백여명이 일一월 일一일에 송평松坪 그라운두우에서 줄당기기를 하려고 당지경찰에 집회글을 제출하였는데 경찰서에서는 폭동이 일어날 우려가 잇다는 이유로 집회금지를 명하였다

---

50 이승원, 위의 논문, 20~21쪽.

한다.[51]

줄다리기의 사례에서도 알 수 있듯이 일본은 여러 사람이 참여하는 민속놀이를 열지(진행하지) 못하도록 하였다. 당시 일본인 이 문제에 민감했던 이유는 3.1운동 이후 벌어질 수 있는 여러 형태의 저항운동을 사전에 열지 못하도록 하기 위한 측면이 강하였다. 이런 목적을 달성하기 위해 외부 활동을 자제시키고 실내에서 활동할 수 있는 실내유희를 의도적으로 보급시켰을 가능성이 있다는 것이다.

이상에서 살펴본 내용을 보면 근대에 실내유희가 등장할 수 있었던 배경은 매우 복합적임을 알 수 있다. 아울러 자연스레 근대에 실내유희가 등장했을 수도 있으며, 의도적인 목적으로 이 놀이를 보급시켰을 가능성도 배제할 수 없음을 다시 한 번 확인할 수 있었다.

51 『동아일보』, 1932. 1. 7(서종원, 「줄다리기 성격의 지속과 변화-특히 근대 시기를 중심으로-」, 『실천민속학연구』17, 실민속학회, 2012, 180쪽 재인용).

6장
개별 지역의 놀이문화 실상

1. 울산 방어진 아동들의 놀이문화

1) 식민지 시기의 울산 방어진

식민지 시기 울산 방어진 실상에 대해서는 여러 연구물에 의해 자세히 소개되었다. 대표적인 연구자로는 여박동·이현호가[1] 있는데, 본 연구에서는 이들의 연구물과 필자가 조사한 자료(문헌·현장자료)를 토대로 개략적으로 식민지 시기의 방어진의 모습을 정리하고자 한다.

식민지 시기 일본인 이주 어촌 지역인 방어진은 현재 울산광역시 동구 방어동에 해당된다. 방어진은 조선 후기 울산도호부 관할의 16면 가운데 동면東面 내의 방어진리魴魚津里였다. 방어리는 1895년에 오면서 방어동과 화잠동으로 나뉘었다. 그러다 1911년에 다시 방어동과 상·하 하잠동으로 분리되었다가, 1914년 지방행정구격개편 때 방어리로 다시 합쳐졌다. 그 이 후인 1925년 12월에 면사무소가 일본인들의 집단 이주어촌인 방어리로 이전하였으며 1937년 7월 1일자로 동면 지역이 읍으로 승격되면서 명칭도 방어진읍으로 바뀌었다.[2]

식민지 시기 이전, 방어진은 반농반어적 성격이 지닌 평범한 마을이었으나, 일본인들이 대거 이주해 오면서 큰 규모의 마을로 변하였다. 식민지 시기에 일본이 자국의 국민들을 방어진을 비롯해 우리나라 여러 지역에 강제로 이주시켰던 연유는 원활한 식민지 국가 통치

---

1 여박동, 「울산의 이주어촌 방어진의 형성」, 『일제의 조선어업지배와 이추어촌 형성』, 2002, 보고사.
이현호, 「일제시대 이주어촌 '방어진'과 지역사회의 동향」, 『역사와 세계』 33, 효원사학회, 2008.

2 이현호, 「일제시대 이주어촌 '방어진'과 지역사회의 동향」, 『일제강점기 울산방어진 사람들의 삶과 문화』, 채륜, 2011, 145쪽.

와 식민지 국가에서 얻어진 경제적 이익을 자국으로 가져가기 위해서였다. 특히 경제적 이익을 목적으로 식민지 시기 일본 정부는 자국민들을 우리나라 여러 곳에 이주시켰는데, 그들이 이주해온 지역은 어촌을 비롯해 농촌, 산촌, 광산촌 등이다.[3]

〈사진 제공: 울산동구문화원〉

평범한 촌락에 불과했던 방어진에 일본인들이 대거 이주한 까닭은 이러한 시대적 배경과 관련이 있다. 더불어 방어진을 중심으로 한 이 일대가 오래전부터 좋은 어장이 있었다는 사실은 일본인들, 특히 어업에 종사하는 일본인들에게 있어 매력적인 곳이 아닐 수 없었다. 실제로 일본 현지 조사 과정에서 만난 제보자는 식민지 시기 방어진의 어업 환경에 대해 다음과 같이 자세히 기억하고 있었다.

3 移民部落の現狀(善生永助, 조선의 취락(중편), 第三節 移民部落の現狀 1933년 참조)

> 방어진은 북에서 한류가 남쪽에서는 난류가 만나는 곳이에요. 헤엄칠 때 여기는 차가운 바닷물이 이쪽에는 온천 같은 따뜻한 물이. 그러니까 거기엔 물고기가 엄청 많았어요. 수온이 17정도 됐어요.[4]

이 지역은 또한 만이 넓지 않고 깊으며, 만구灣口가 남방으로 향해 있어, 동북서의 바람을 피하는 데에 적합하고, 또한 외해로 면하여 출어에 편리하며, 내지와의 거리도 가장 가까워 한일 한방 이후에 본격적으로 발전하게 된다. 이 과정에서 많은 수의 일본인들이 어업을 통해 막대한 돈을 벌기 위해 방어진을 찾았다.

> 옛날 가난하게 살던 시절, 한구에 물고기가 많이 잡힌다고 해서, 돈을 빌릴 수 있는 사람이든 친지들에게 돈을 빌려 한국에 왔다. 우리 집의 경우에는 친척 할아버지 중에 돈이 많은 분이 한국에 있어 그 분이 배랑, 그물 일체를 마련해 주고 나가봐라 해서 한국에 왔는데 한국에 와서 고기를 많이 잡아 돈을 많이 벌었는데, 당시에는 질릴 정도로 많은 돈을 벌었다.[5]

방어진에 일본인들이 맨 처음 찾아온 시점은 한일 합방 이전인 1897년이다. 당시 오카야마현 히나세의 어민들 40여 명이 방어진 근

---

4 가와사키 지츠오, 2011년 7월11일 서종원, 김난주, 이영수 조사〈이 내용에 대한 자세한 내용은 김난주의 「울산 방어진 사람들의 삶의 현장-일본인 구술조사 자료」(『일제강점기 울산방어진 사람들의 삶과 문화』, 채륜, 2011) 310쪽 참조〉.

5 미나미 도모에, 2011년 7월11일 서종원, 김난주, 이영수 조사.

해에 삼치 어업을 목적으로 출어를 했다가 삼치유망이 조류에 의해 떠내려가 난을 피한 것이 계기가 되었다.[6] 그 일이 있은 후, 방어진이 일본 여러 지역에 널리 알려지면서 많은 수의 일본인 이주자들이 방어진을 찾았다. 당시 방어진에 머물러 있던 일본인들의 출신 지역과 그들의 숫자를 지역별로 정리한 내용은 다음과 같다.

〈善生永助, 조선의 취락(중편), 1933년 참조, 第三節 移民部落の現狀〉

	戶數	人口	原籍地
경상남도(慶尙南道) 울산군(蔚山郡) 동면(東面) 방어리(方魚里) 방어진(方魚津)(내지인어업부락(內地人漁業部落))	四一一	一,四五六	北海道一, 宮城縣三, 福井縣五·群馬縣一·東京府一·神奈川縣一·富山縣一·石川縣一·佐賀縣一〇·長崎縣三〇·香川縣五三·愛媛縣二三·德島縣五·大阪府四·兵庫縣一六·高知縣一·山梨縣一·靜岡縣三·愛知縣一·三重縣八·京都府二·熊本縣一六·大分縣一五·奈良縣一·秋田縣一·福島縣三·茨城縣一·和歌山縣二·鳥取縣一·島根縣一〇·岡山縣七三·廣島縣五一·山口縣四〇·福岡縣二六

식민지 시기 방어진에는 한국으로 이주해 온 일본인들만 있었던 것은 아니다. 방어진이 부산, 통영과 함께 당시 3대 어항으로 급속하게 발전하면서 많은 수의 내지인(한국인)이 돈을 벌기 위해 방어진을 찾았다. 방어진에서 만난 제보자들로부터 그들의 부모들이 돈을 벌기 위해 방어진을 찾았고, 이후 이곳에 정착하여 오늘날까지 살고 있

6 朝鮮水産會, 「조합행각(십일)」, 『조선지수산』 131호, 1936, 81쪽.

다는 이야기를 쉽게 들을 수 있었다.[7]

앞서 살펴본 바와 같이 이 시기에 일본인은 물론 내지인들이 방어진을 찾은 연유는 이 지역이 좋은 어업환경을 갖추고 있었던 것과 관련이 있다. 방어진이라는 이름에서도 알 수 있듯이 이곳은 방어가 많이 잡히던 지역이다. 하지만 일본인들이 방어진의 어업을 장악하기 시작하면서 고등어와 삼치어업도 활발하게 진행되었다. 특히 고등어 어업이 성황을 이루었다. 일거에 고등어 어업 망 1통 평균 1만 엔 이상, 이전보다 2배의 어획고를 올렸다. 1919년에는 2백여 통이 출어를 하면서 미증유 성황을 이루게 되었다.[8] 당시에는 이들 어업 이외에 정어리 어업도 활발하게 진행되었는데, 정어리를 비롯해 고등어와 삼치 등의 어종은 일본인들이 좋아하는 어종이라는 공통적인 특징을 지닌다.[9] 방어진에서 잡아 올린 생선 대부분은 냉동 상태로 일본으로 보내졌으며, 일부는 방어진에 있던 가공공장으로 보내져 통조림이나 어유魚油로 만들었다.

식민지 시기 방어진에 거주했던 일본인들은 배를 직접 운영하거나 시장에서 물건을 판매하는 일을 주로 하였다. 그리고 당시의 방어진 상권 대부분을 일본인이 장악하고 있었다. 일본인 중에는 막대한 자본을 바탕으로 방어진 일대의 어업을 장악한 인물도 적지 않았다. 나

---

7 대표적인 제보자가 최00(여, 78세)씨이다. 그의 아버지는 본래 부산에서 뱃일을 하다가 방어진에 가면 돈을 벌 수 있다는 소문을 듣고 방어진에 오게 되었다. 그의 아버지는 뱃일을 하지 않고 머리 깎는 기술을 익혀 방어진에서 이발소를 운영하였다고 한다.

8 慶尙南道, 『慶尙南道に於ける移住漁村』,1921, 134쪽.(이현호, 「일제시대 이주어촌 '방어진'과 지역사회의 동향」, 『일제강점기 울산방어진 사람들의 삶과 문화』, 채륜, 2011, 151쪽 재인용)

9 당시에는 대구도 많이 잡혔음을 다음 기사를 통해 알 수 있다.
경남 울산 방어진에서는 요즈음 대구가 하루에 6백 마리 내지 천 씩이나 잡히어 해안 일대에는 갑자기 대구의 山을 이루웠다하며 갑은 1머리에 15전 내지 20전 가량이라 한다(『동아일보』, 1930. 12. 30, 199쪽).

가베이쿠지로中部幾次郎라는 인물은 당시 방어진에서 가장 큰 영향을 갖춘 대표적인 일본인이었는데, 그는 새로운 어업기술을 바탕으로 고등어 어업을 주도하면서 막대한 돈을 벌었다.[10]

내지인 중에도 어업을 통해 엄청난 양의 돈을 번 사람이 있었다. 변동윤·성세빈·이종상 씨 등은 방어진 지역에서 많은 돈을 번 내지인이었는데, 이들은 어업을 통해 막대한 이익을 챙길 수 있었다.[11] 하지만 당시 방어진에 거주했던 남자 성인 대부분은 일본 어선에 고용되었으며, 여성의 경우는 일본인 집에서 식모살이를 하면서 힘든 생활을 하였다.[12] 실제로 내지인들의 임금은 일본인의 반에 불과했다. 어선의 동력화로 일본인 이주자는 숫자가 점차 감소되었지만 임금이 산 조선인들은 대거 어부, 공장 노동자, 운반업, 기타 잡역부로 고용되면서 그 수가 급속도로 증가한 것[13]이다.

식민지 시기 울산 방어진은 일본인들은 물론 내지인들이 몰려옴으

10 방어진에 머물러 있던 일본인들의 직업은 매우 다양했다. 일본 조사과정에서 만난 가와사키의 아버지는 일본에서 쌀장사를 했지만 한국에서는 조선소에서 일을 하였다. 그는 배 만드는 기술을 가지고 있어 직접 배를 설계하고 제작하였다. 당시 한국 사람들 중에도 배를 만드는 기술을 가지고 있었지만 기술이 일본이 훨씬 뛰어났다고 한다(2011년 7월11일 서종원, 김난주, 이영수 조사).

11 이들 중 이종상 씨는 1930년대에 일본인이 경영하던 후리막을 인수하여 많은 돈을 벌었다. 그는 경제력을 바탕으로 사회활동을 펼쳤으며, 해방 후에는 '방어진수산중학교'를 세워 후학 양성에도 힘을 기울였다.

12 경남 울산군 연해안에 거주하는 조선인 어업자의 처지는 漁權의 대부분이 일인 수중에 在할 뿐 아니라 자본이 풍족치 못한 동포들은 단지 연승 어업으로만 겨우 지속하는 중이며 客冬에는 대구어의 豊擭으로 경제에 緩和를 得하고는 근자는 沙漁 盛期임으로 일반은 매우 낙관하고 잇든 바 천만 의외에 허가도 업는 일본인이 법정구역선까지 침입하야 바로 延繩釣를 敷設하야 둔 곳에 발동선으로 鞍韃網을 사용하야 조선인 연승업자는 어획은 고사하고 빈핍한 경제로 艱率히 경영한 수천 원 연승까지 폐기할 境에 이른 사람도 잇스나 경제관계로 재판할 수도 없다 하며 피해 연해동포는 엇지 되던지 관청에 1차 탄원할 결심이라더라(울산)(『조선일보』, 1926. 3. 20).

13 神谷丹路, 「日本漁民の朝鮮への植民過程をたどる-岡山縣和氣郡日生漁民を中心として」, 『青丘學術論集』 제13집, 1998, 116~118쪽(이현호, 「일제시대 이주어촌 '방어진'과 지역사회의 동향」, 『일제강점기 울산방어진 사람들의 삶과 문화』, 채륜, 2011, 166~167쪽 재인용).

로 인해 부산과 함께 큰 어항으로 발전한다. 이 과정에서 부산과 포함 등을 오가는 우편선郵船 항로가 개설되었으며, 또한 여관과 목욕탕, 음식점, 유희장 등이 생겨났다. 이러한 내용은 아래 신문 기사를 통해 보다 자세하게 알 수 있다.

> 울산군 방어진은 부산에서 조선우선朝鮮郵船의 포항선 정기선으로 오전 10시에 출발하여 오후 2시경에 장생포에 기항하며 다시 1시간 후인 오후 3시에는 방어진항에 이르는데 방어진은 근래 눈부신 발전을 거듭하고 있는 어항이다. --- 작금의 어업은 한산기閑散期였으나 11~12월에는 성어기에 접어든다. 성어기는 매월 6~7백 척의 어선과 3-4천명의 어부가 방어진을 드나들며 이들 어부 중에는 오까야마현岡山縣 출신이 가장 많고 다음으로 가가와현香川縣 사람들이다. 1918년 현재 방어진에는 영업을 하던 업체를 보면 전당포典當鋪 4개, 목욕탕 4개, 이발소 5개, 고용인주선업雇傭人周旋業 1, 여관 12, 음식점 16, 매락업賣藥業 6개, 유곽 19개, 의원 3개소, 극장 1개, 유희장 5개 등이 있다.[14]

한편, 식민지 시기에는 시장이 개설되었으며(1925. 5. 7),[15] 학교는 물론 각종 청년단체들이 생겨났다. 당시 청년 단체들(울산 신간회, 각

14 『조선시보』, 1918. 9. 2.

15 울산군 동면에서 종래 현안 중에 재하든 방어진 시장은 본월 7일에 허가되야 기간 基地 수축공사를 필하고 去 28일부터 상설로 개신된바 개시당일에는 地鎭祭를 거행하고 여흥으로 28, 29, 30의 3일간 각희대회를 개최한다는 데 상품은 1등에 농우 1필, 2등에는 唐木 1필, 3등에는 細布 1필이라고(동면)(『동아일보』, 1925. 5. 31.)

종 구락부 등)은 학교 교육은 물론 체육활동을 통해 주민들의 친목도모에 힘을 기울였다.[16] 이런 내용을 보면 일본이 방어진을 장악하고 있었긴 하나, 내지인들의 자치적인 활동도 지속적으로 진행되었을 가능성도 배제할 수 없다.

2) 아동들의 생활 모습

이 시기 방어진 아동들의 생활모습은 가정환경에 따라 다양한 형태를 보인다. 따라서 이들의 생활모습을 일반화시킬 수는 없다. 여기에서는 가정과 학교, 그리고 일본인과의 관계 등을 토대로 당시의 아동들이 어떠한 생활을 했는지를 엿보고자 한다.

가정에서의 생활은 남자와 여자에 따라 조금 다른 양상을 보인다. 여자 아동들은 부모님으로부터 바느질이나 혹은 옷 만드는 방법을 배웠다. 가사를 도와주는 경우도 많았으며, 학교에서 돌아오면 농사일을 도와주거나 동생이 있는 아동은 어머니를 대신하여 동생을 돌보기도 하였다. 여자 아동들은 해변에 가서 미역 등의 해초를 채취하는 일도 하였다. 일부 아동들은 일본인 가정에서 식모로 지내면서 갓난아이를 돌보거나, 빨래를 대신 하였다. 그래서 시집을 가기 전에 일본어를 여자 아동들에게 가르쳐 주는 집안도 있었다. 일본어를 할 줄 알아야 일본인 집에서 이런 일을 할 수 있는 기회가 주어졌기 때문이다.

남자 아동들은 가사를 돕기도 했지만 가족의 생계를 목적으로 일

16 경남 울산 5월 청년동맹 주최 본보 지국 후원으로 제3회 동면축구대회를 개최한다 함은 기보와 여하거니와 거 14일에 우암광장에서 12團 가입으로 개최하얏는데 각단의 응원대는 00의 기세를 도와 맹호가튼 선수들의 0術에 천여의 관증은 如狂如0로 박수와 갈채는 부절하얏스며 최후 승리는 勇進團으로 귀하얏다더라(방어진)(『중외일보』, 1927. 8. 21.)

찍부터 생업활동에 참여하는 경우가 많았다. 일부는 고기잡이 어선에 고용되었으며, 다른 집에 가서 일을 대신하고 일당을 받기도 하였다. 집에 소를 키우는 남자 아동들은 낮은 야산이나 풀이 많은 곳으로 소를 몰고 다녔다.

이 무렵 아동들이 즐겨 입던 옷은 전통시기에 비해 크게 다르지는 않았다. 학교를 다니는 아동들의 경우는 별도의 교복이 있었긴 했다. 당시 아동들이 입던 옷은 가정에서 어머니나 혹은 할머니가 직접 지어 주셨다. 볏짚을 엮어 만든 짚신을 많이 신었으며, 고무신이 등장하면서부터 고무신을 신는 아동들이 많아졌다.

일상식은 하루에 세 끼를 챙겨 먹기 힘들었다. 아동들이 즐겨 먹던 음식은 자연에서 직접 얻은 재료에 약간의 곡식(보리, 조, 쌀) 등을 넣고 끓인 죽이었다. 물론 전에 볼 수 없었던 여러 가지 새로운 음식도 맛볼 수 있었다. 오늘날 우리가 쉽게 접하는 사이다와 아이스크림 등이 대표적인 음식이다. 당시 방어진에는 사이다 공장이 있었는데, 아동들은 여기에서 판매하는 사이다를 사다 마셨다. 그리고 다른 기호식품에 사탕의 일종인 '오다마'가 있었다.

이 시기 방어진에는 일본인들이 운영하던 다양한 상점과 여관, 어부들을 상대로 장사하던 유곽이 있었다. 이런 탓에 부모들은 본인의 아동이 그곳을 지나가지 못하도록 하였다. 호기심이 많은 아동들이 부모 몰래 유곽을 갔다 발각돼 혼이 나는 경우도 종종 있었다. 그래서 여자 아동을 둔 가정에서는 학교를 가거나 또래 아동들과 놀 때를 제외하고 가급적 외부 출입을 자제시켰다.

근대식 교육이 도입되는 과정에서 울산 지역에도 다양한 형태의 학교가 생겨났다. 1910년대 울산 지역에는 굴화리 진명학교, 병영일진학교, 구영리 일신학교, 남목 개운학교, 그리고 방어진 심상고등소학교 등이 있었다. 이 가운데에서 방어진과 관련 있는 방어진심상고등소학교는 일본인 자녀들이 주로 다니던 학교였다. 그 후 1922년 내지인 성세빈 선생이 일산동에 설립한 보성학교가 있는데 이 학교는 민족정신을 일깨우면서 동면 지역 교육 발전에 크게 이바지하였다.[17] 그렇다고 해서 전통 시대에 볼 수 있었던 서당이 없어진 것은 아니었다. 근대식 학교를 가지 않는 학생들 일부는 서당에서 한자 등을 배우기도 하였다. 근대식 학교인 일산리 보성학원에서는 야학이 운영되었다.

---

17 김문술, 「울산 교육의 큰 별 이종산 선생」, 『동구문화 어풍대』2009년 제6호, 울산동구문화원, 2009, 11쪽.

울산동면 일산리 보성학원에서 야학을 3년간이나 계속한 결과 기 부근리附近里의 초동과 표아漂娥라도 대개는 조선어 독본 3, 4권은 독파한다는데 다시 거 25일부터 야학을 개시한바 남자부 47명이오, 여자부가 45명에 달하엿다 하며 담임강사는 박학규, 장병준, 한재은, 정명수, 천호문제 선생이라고 한다.[18]

그럼에도 불구하고 1930년 무렵만 하더라도 교육에 관심을 갖거나 학교를 다니는 아동들의 수는 매우 적었다. 제보자들의 증언에서도 당시만 하더라도 아동들이 학교를 다니려면 돈도 많이 들고, 집안일을 해야 하기 때문에 학교를 다니던 숫자가 극히 적었음을 확인할 수 있다.

당시 학교에서의 생활은 두 유형(일본인·내지인 학교)의 학교에 따라 차이를 보였지만, 제보자들이 기억하고 있는 1930~1940년대의 학교생활은 일본의 전쟁준비와 맞물렸던 이유로 비교적 억압이 심하고, 일정한 규율이 있었던 시절로 기억하고 있었다. 특히 해방 직전의 학교 교육과 학교 내에서의 생활은 이러한 분위기가 고스란히 반영되었다고 한다. 제보자들의 증언에 따라 조금씩 차이가 보이기 하나, 여기에서는 1930~1940년대를 중심으로 아동들의 학교생활을 정리하고자 한다.

당시 내지인이 운영하던 학교 역시 선생님들 대부분은 일본인이었다. 학교에서는 1930년도 후반부터 일본어만을 사용하였다. 만약 학교에서 일본어를 쓰지 않고 한국어를 사용하면 체벌이 있었다. 학교

18 『동아일보』, 1925. 5. 29.

에서 배우던 과목은 수신·국어·산술·국사·지리·이과·직업·도화·수공·창가· 체조였다. 여자 아동들은 가사 및 재봉기술도 배웠다. 그렇지만 이 시기 교육이 지향하는 바는 아동들의 황국신민화였다. 소학교의 생활 대부분은 이러한 기조 아래에서 진행됐다고 해도 과언이 아니다.

또한 전쟁 준비를 위해 선생님들은 학생들에게 특정 물건, 가령 솔방울이나 떼 등의 할당량을 가져오도록 하였다. 쉬는 시간이나 방과 후에는 삽을 들고 비행장으로 가서 땅을 파거나 땅을 정리하는 일도 학생들의 몫이었다. 전자의 경우는 국가에 필요한 물건을 서로 조금씩 부담하는 것으로 흔히 '공출'이라 부른다. 그리고 조회와 음악 시간 등에는 일본의 군가와 노래를 부르도록 강요받았다. 이러한 내용 모두가 당시의 시대상을 보여주는 것이라 할 수 있다.[19]

신체를 튼튼하기 위해 아침마다 10리 정도를 달렸으며, 학교 체육 시간에는 무용, 보건체조, 뜀틀 등을 하였다. 남자 아동들에게는 일본의 무예인 검도를 배우도록 하였다. 그리고 화재 예방 훈련이 불규칙적으로 있었는데 오늘날의 플라스틱 통인 '바께스(물통)'를 들고 밖으로 나가 불 끄는 연습도 하였다.

이 무렵 학교에서는 운동회와 소풍 등의 행사가 있었다. 운동회는 가을철에 했는데, 학생들만의 잔치가 아닌 마을 주민 모두가 참여하는 마을 축제였다. 마을에서 얼마 떨어져 있지 않은 일산해수욕장이나 대왕암으로 봄·가을에 소풍을 갔다. 아동들에게 운동회와 소풍은 특별한 의미를 지녔다. 이날이면 평소에 먹어보지 못한 음식을 먹을

19 현지 조사 과정에서는 이러한 모습을 다양한 사례를 통해 확인할 수 있었다. 가령 수업 과목에 오늘날 교련 수업과 관련된 군사교육 수업이 있었으며, 사이렌이 울리면 대피를 하는 행동들이 모두 이와 관련된 것으로 보인다.

수 있었기 때문이다. 이런 탓에 많은 아동들이 이날을 손꼽아 기다렸다. 일 년에 한 번 정도 학예회가 개최되기도 하였다.

당시 일본인과 국내인과의 교류는 그리 빈번하지 않았다. 특히 아동을 둔 가정에서는 일본인들과의 접촉 및 교류에 있어 비교적 부정적이었다. 어른들의 입장에서는 일본인과 부딪히는 일을 사전에 방지하기 위한 측면도 무시할 수 없었다. 빈번한 경우는 아니지만 일본인과 내지인이 다투거나 혹은 일방적으로 구타를 당하는 경우가 있었다. 이와 달리 일본인 아동을 우리 아동들이 괴롭히는 경우도 있었다. 다음 내용은 일본인 아동과 내지인 아동이 노는 과정에서 벌어졌던 일이다.

> 우리 형님이 지금 감포에 사는데 우리형님이 우리 어릴 때 일본놈들이 한창 지붕 위에다 돌 던지고 왜냐하면 (형님 성함이?) 주두규. 어릴 때 보면은 짤짜리, 쌈치기. 옛날에 보면 일본 사람들이 사거리에다 보면 절을 조그맣게 사메사마 모셔놓고 쌈치기를 하거든, 학생들끼리 친구들하고. 일본놈들하고 조선사람들하고 싸워가 뚜드려 팬거야. 일본아들이 즈그 친구들 뚜드려 패놓으면 자기 부모들이 일본경찰서에다가 이르거든. 경찰차가 오면 도망가삔다고. 그러다가 밤 되면은 자갈을 호주머니에 이빠이 담아와 갖고 주던진다. (그 당시에 집이 하꼬방이었어요?) 우리는 초가집이었고, 즈그는 개집아니면 함석집이지. (그 당시에 집은 어떻게 생겼습니까?) 형태가 지금 보자. 함석집은 주로 배집식이지. 그 다음에 또 삼각자로 집을 이쁘게 지은 집도 있

었어.[20]

위의 내용에서 알 수 있듯 일본인과의 관계가 좋지 않은 경우도 있었지만 조사 과정에서 만난 제보자들 대부분은 일본인과의 관계가 그리 나쁘지 않았다고 한다. 생업을 목적으로 일본인과 교류가 불가피했던 내지인들의 일본인과의 관계가 가까운 친척이나 이웃사촌처럼 무척 좋았다고 한다. 이런 가정의 아동들 역시 마찬가지였다. 일부 아동들 중에는 일본 아동들만 다닐 수 있는 학교에 다닐 수도 있었다. 당시 일본인 학교의 정원은 한 반에 60명이었는데, 그 가운데 내지인이 1~2명 정도가 포함되어 있었다. 일본인 학교에 다니던 아동들 대부분은 일본인과 관계가 좋았던 집안의 자제들이었다.

3) 아동들의 놀이문화

식민지 시기는 문화사적으로 볼 때 다양한 문화가 혼재하던 시기이며, 또한 여느 시기보다 문화적 변화와 충돌이 격렬했던 시기이다. 식민지 시기 아동들의 놀이문화 역시 이러한 흐름과 그 맥을 같이 하고 있었다.

필자가 현지 조사한 울산 방어진 지역의 놀이문화가 당시 전국적으로 볼 수 있었던 보편적인 내용인지에 대해서는 단정할 수 없다. 다만 이 시기를 다루고 있는 여러 가지 자료 등을 검토한 바에 따르면 다른 지역의 양상도 크게 다르지 않다는 사실을 확인할 수 있었다. 방어진 지역은 특히 식민지 시기 일본인 이민 부락이었다는 점에서 놀이문화의 교류 양상 역시 다른 지역보다 활발하게 진행되었음

---

20 주○○(남·72세), 2010. 11. 22., 현지 조사

을 알 수 있다. 이런 점에서 식민지 시기의 놀이문화의 지속과 변화 양상 등을 살펴볼 수 있다는 점에서 매우 중요한 지역이 아닐 수 없다. 여기에서는 현지조사를 통해 수집한 구술 자료를 토대로 당시 방어진 지역의 놀이문화의 실체를 정리하고자 한다.

식민지 시기 방어진 아동들이 즐겨하던 놀이는 지속과 변화라는 측면에서 볼 때 크게 두 가지 양상으로 구분할 수 있다. 하나는 오늘날 우리가 흔히 이야기하고 있는 전통의 민속놀이이며, 다른 하나는 이 시기에 외부에서 소개된 새로운 형태의 놀이다.[21] 분류 기준에 따라서는 성별의 차이, 혹은 놀이를 연행하는 공간으로 나눠 정리할 수도 있다.[22] 여기에서는 식민지 시기 놀이의 실체를 정리하는 차원에서 편의상 전통적인 놀이와 이 시기에 외부에서 유입된 놀이로 구분하였다.

(1) 전통적인 놀이

식민지 시기는 외부에서 다양한 놀이가 유입되었지만, 많은 아동들은 이전 시기부터 있었던 놀이를 하면서 어린 시절을 보냈다. 이 시기 아동들이 했던 전통적인 놀이는 성별에 따라 즐겨하던 놀이가 달랐다. 남자 아동들은 야외에서 행할 수 있었던 놀이인 제기차기·연날리기·팽이치기·썰매타기·얼레공치기·자치기·말타기·씨름 등을 많이 하였다. 놀이 중에는 계절에 따라 영향을 받는 것도 있으나, 계

---

21 이 두 양상 이외에도 기존의 놀이와 새로운 놀이가 접목되어 새롭게 등장한 놀이도 있을 수 있다. 그렇지만 현지 조사 과정이나 기존 문헌 자료 등에서 이런 흔적을 찾기란 쉽지 않았다. 이 부분은 추후 다른 지역 사례 등을 통해 보다 자세히 언급할 계획이다.

22 이 무렵은 놀이 공간이 이전과 달리 많은 변화가 있었던 시기이다. 특히 근대식 학교가 등장한했다는 점에서 전통시대와 달리 아이들의 놀이 공간에 있어 학교가 매우 중요한 역할을 하고 있었다. 방어진 현지 조사 과정에서도 당시 학교에서 많은 놀이들이 행해졌음을 확인할 수 있었다.

절에 상관없이 즐길 수 있던 놀이도 많았다. 대표적인 놀이가 바로 씨름인데, 씨름은 야외는 물론이거니와 실내에서도 즐기던 놀이다. 방어진 아동들은 방안에 두꺼운 이불을 깔고 씨름을 할 정도로 어린 시절에 씨름을 많이 하였다.[23] 식민지 시기 방어진 아동들이 즐겨하던 전통적 놀이는 남·여에 따라 조금 차이를 보인다. 남자 아동들은 말타기·칼싸움 등 조금은 거친 놀이를 많이 하였고, 특히 실내보다는 야외에서 즐길 수 있는 놀이를 많이 하였다. 방어진의 남자 아동들은 다양한 놀이를 했는데, 그 중에서도 특히 연날리기를 많이 하였다. 주로 연실에 풀을 먹여 상대방의 연줄을 끊으며 놀았다.

연날리기와 더불어 팽이와 썰매도 남자 아동들이 즐겨하던 놀이다. 집안의 어른이 만들어 준 설매를 타면서 놀았는데, 당시 논에다 물을 가둬놓고 이들 놀이(팽이와 썰매)를 자주 했다. 일본인 아동들은 겨울철이면 스케이트를 만들어 탔다. 마을의 조그마한 산에 작은 연못이 있어 겨울이면 친구들끼리 얼어 있는 연못으로 가 이들 놀이를 하였다.[24]

식민지 시기 남자 아동들의 겨울철 놀이에 장치기가 있었다. 방어진 아동들은 앞부분이 구부러진 나뭇가지를 주어 장치기 채로 사용하여 팀을 나눠 장치기 놀이를 즐겨했다. 장치기를 하던 장소가 별도로 있었는데, 마을에서는 이 공간을 '짱밭'이라 불렀다. 이밖에 제기

23 당시의 신문 기사를 보면 이 시기 방어진에서 여러 차례 각희대회가 열렸음을 확인할 수 있다. 대표적인 기사 내용을 소개하면 아래와 같다.
울산 방어진에서는 방어진 農廳 주최로 오는 8월 추석을 이용하야 구 8월17일부터 3일 동안 방어진 埋立地에서 남조선 각희대회를 개치코져 농청장 변동윤씨 이하 모든 간부가 준비에 분망중이라는데 상품도 1등에는큰 소(大牛) 1필을 주며 다른 부상도 상당이 잇스리라고 한다(『동아일보』, 1931. 9. 18).

24 가와사키, 미나미(2011년 7월11일 서종원, 김난주, 이영수 조사)

차기 등의 민속놀이를 하면서 겨울철을 보냈다.

여름철이면 마을에서 가까운 거리에 있는 일산해수욕장이나 마을 앞 바닷가에서 수영을 하며 물고기도 잡고 해초를 주우며 놀았다.[25] 그리고 깊은 물속에 들어가 잠수를 하거나, 함께 간 친구와 물놀이를 하면서 무더운 여름을 바닷가에서 보냈다.

여자 아동들은 상대적으로 외부 출입이 제한된 연유로 즐길 수 있었던 놀이가 많지 않았다. 이는 전통적인 놀이는 물론 다른 놀이의 경우도 마찬가지였다. 여자 아동들의 놀이가 제한될 수밖에 없었던 연유는 식민지 시기라는 시대적 상황과 관련이 있다. 일본인들과의 교류가 활발했던 집안에서는 이런 부분을 크게 신경을 쓰지 않았지만, 대부분의 가정에서는 여자 아동들의 외부 활동을 제한하였다. 이런 사정으로 당시 여자 아동들의 놀이는 가정이나 혹은 학교, 그렇지 않으면 마을 골목에서 하던 놀이가 대부분이었다.

가정에서 많이 할 수 있었던 윷놀이와 널뛰기는 여자 아동들이 많이 하던 놀이다. 조사 과정에서 만난 최○○(여·78) 씨의 경우, 어린 시절 아버지가 너무 엄격하여 외부 출입을 못했는데, 그런 아버지가 집 마당에서 널뛰기를 할 수 있도록 마련해 주어 언니들과 널뛰기를 많이 하면서 놀았다고 한다. 집안에서 널뛰기를 하고 있으면, 이웃집에서 친구들이 찾아와 같이 놀기도 했다. 한창 널뛰기를 할 때는 늦은 밤까지 하였다.

이밖에 당시 여자 아동들이 즐겼던 전통적인 놀이에 그네뛰기가

---

25 당시 일본의 아이들도 이와 비슷한 놀이를 하며 즐겼다고 한다. 일본에서 만난 미나미 도모에 씨도 바닷가 바위를 찾아 바위틈에 있는 물고기를 잡으며 아이들과 어울렸다고 한다. 한 쪽에서 잡은 물고기를 수건 등으로 감싸 다른 쪽으로 옮기는 놀이를 주로 많이 했다고 한다.(미마미 도모에) 2011년 7월11일 서종원, 김난주, 이영수 조사.

있었다. 마을의 장정들이 단오 무렵에 버드나무 가지에 줄을 매어 주면 그네를 뛰면서 놀았다. 해방 무렵에는 마을 주최로 그네대회가 열리기도 하였다.

(2) 외부에서 유입된 놀이

아동들이 즐겨하던 놀이 가운데에는 식민지 시기 이전부터 있었던 것도 있지만, 이 시기에 새롭게 등장한 놀이도 적지 않았다. 새롭게 소개된 놀이가 식민지 시기 이전부터 있었던 것인지, 아니면 이 시기에 새롭게 유입된 것인지에 대한 문제는 추후 재검토가 필요할 것이다. 여기에서는 조사 과정에서 만난 제보자들의 구술 자료를 토대로 전통시대의 놀이와 구분하여 정리하고자 한다.

식민지 시기, 특히 1930~1940년대의 아동놀이는 앞서 소개한 전통적인 놀이 못지않게 외부에서 소개된 놀이가 적지 않다. 일본인 이민 부락인 방어진은 다른 지역에 비해 이런 유형의 놀이가 당시에 많이 행해졌다. 이들 놀이가 어떤 경로를 통해 아동들에게 전해졌는지는 정확하게 알 수 없다. 다만 이 시기 아동들에게 새롭게 소개된 놀이는 일본인과의 교류 과정에서 전해졌던 것과 학교라는 교육 기관을 통해 소개된 양상으로 구분할 수 있다. 본 조사 과정에서 당시 소학교를 다녔던 제보자들은 학교에서 처음으로 배웠던 놀이를 비교적 잘 기억하고 있었다. 이런 내용 등을 토대로 당시 새롭게 등장한 아동놀이의 실체를 살펴보고자 한다.

방어진 아동들에게 새롭게 소개된 놀이는 생각보다 많은 종류가 있었다. 아울러 전통적인 놀이와 달리 성별 구분 없이 즐길 수 있었던 놀이가 많았음을 알 수 있었다. 남·여 구분 없이 즐길 수 있었던 놀이에는 '갠또바시'라 불리는 깡통 차기, 호미나 나뭇가지를 이용하여 땅에 일정한 놀이 공간을 그리고 양편을 나눠 즐기는 '가이리'가 있다. 깡통차기인 '갠또바시'는 주로 마을 골목에서 즐겼던 놀이인데, 술래를 정한 다음, 중앙에 세워놓은 깡통을 발로 차면 술래가 그 깡통을 주어다 본래 자리에 놓으면 놀이가 시작된다. 술래가 깡통을 제 자리에 놓는 동안 다른 아동들은 몸을 감춘다. 술래가 숨어 있는 사람을 찾고 깡통이 있는 자리로 도착하면, 그 사람이 다음 술래가 된다. 이 놀이는 당시 같은 또래의 남·여 아동이 함께 즐겼다. '갠또바시'와 함께 남·여가 함께 어울려 놀 수 있는 놀이에 '가이리'가 있다. 이 놀이는 운동장이나 빈 공터에서 많이 했다.

이 시기에 새롭게 소개된 놀이 가운데는 남·여 구분 없이 하던 놀이 이외에 개별적으로 행하는 놀이도 많았다. 남자 아동들은 스포츠 형태의 종목을 많이 하면서 놀았다. 방어진에서는 특히 축구를 많이 하였다. 방어진 아동들의 축구 실력은 울산의 다른 마을에서도 알아줄 정도로 매우 잘 하였다.[26] 남자 아동들이 즐겨하던 스포츠 형태의 놀이 중에는 오늘날 야구와 비슷한 '하블러시'도 있었다.[27] 여자 아동이 참여하는 경우도 있었으나 이 놀이는 주로 남자 아동들이 학교에서 즐겨하였다. 하블러시는 투수가 야구공을 던져주는 것이 아니라, 본인이 야구공을 직접 던져 방망이가 아닌 주먹으로 공을 치는 방식이다. 전체적으로 보면 오늘날 야구와 유사한데, 공이 고무공이라는

26 당시 방어진 아동들의 축구 실력이 매우 뛰어나 울산 지역 축구대회에서 우승도 많이 했다. 방어진 아동들은 축구실력도 좋았지만 전투적으로 축구하는 걸로 유명하였다. 그래서 축구 시합이 끝나면 다른 지역 사람들이 방어진 아동들을 잡아 두들겨 패려고 했는데, 일부 대표 선수들은 몰래 숨어서 방어진으로 오곤 했다.

27 청양군 군량리에서는 이 놀이를 '호무랑'이라 부른다고 한다. 청양지역에서는 1930년대에 학교에서 하던 놀이인데 고무공을 사서 주먹야구식의 놀이를 하는 것을 호무랑이라고 했다(임동권·정형호·임장혁, 『청양의 전통여가와 놀이문화』, 청양문화원, 2007, 238쪽).

점과 직접 본인이 공을 던져 직접 친다는 점에서 차이가 있다.[28]

또한 이 시기 남자 아동들이 즐겨하던 놀이에 '땅바닥 탁구'가 있다. 나무판을 오늘날 탁구채보다 두 배 정도 크기로 만든 다음, 호미 등을 이용하여 땅에 테니스 코트를 그려 탁구를 치며 놀던 것이다. 당시 남자 아동들은 시간 가는 줄 모르고 이 놀이 즐겼다고 한다.

구슬치기와 병마개 치기(따먹기)도 남자 아동들이 즐겨하던 놀이다. 구슬치기에서 빼놓을 수 없는 구슬은 잡화점에서 주로 구입하였다. 구슬치기는 놀이 방법이 다양하다. 상대방이 어느 정도 떨어진 곳에 구슬을 놓으면 자기 구슬을 가지고 상대방이 놓은 구슬을 던져 맞추는가 하면, 바닥에 삼각형을 그린 다음 그 안에 일정한 수의 구슬을 놓고 조금 떨어진 곳에서 던져 맞추면 맞춘 구슬을 본인이 가져가는 방법 등이 있었다.[29] 구슬치기 놀이는 일본인 아동들과도 즐겨하였다. 당시 일본인 아동들도 구슬치기를 많이 하였다. 조사 과정에서 만난 한 제보자는 구슬치기를 하다 본인의 구슬을 모두 잃게 되자, 일본인 아동을 때려 구슬을 빼앗기도 했다고 한다. 손에 여러 개의 구슬을 쥐고서 상대방이 손에 몇 개를 가지고 있는지를 맞춰 상대방의 구슬을 가져가는 방법도 있었다. 이 놀이를 일명 "짤짤이"라 불렀다.

여자 아동들이 많이 하던 놀이에는 줄넘기가 있다. 줄넘기는 학교에서 자주 하였다. 정확히 언제부터 줄넘기를 했는지 알 수 없지만,

---

28 또한 이 시기에는 학교에서 남·여가 같이 참여하는 피구도 많이 했다.

29 식민지 시기 일본인 아이들은 '비다마'라는 구슬놀이를 하였다. 땅에 선을 그리고 먼 곳에서 구슬을 굴려 가까이 가는 사람이 이기는 놀이다. 또한 땅에 삼각형이나 사각형을 그리고 그 안에 구슬을 놓은 다음 일정한 거리에서 구슬을 맞추는 놀이가 있었다.(가와사키 제보, 2011년 7월11일 서종원, 김난주, 이영수 조사)

조사 과정에서 만난 제보자들은 학교의 선생님으로부터 줄넘기를 배웠던 것으로 기억하고 있었다. 제보자 최○○(여·78)씨는 소학교 2학년 때 일본인 선생님께 이 놀이를 배웠는데, 줄넘기를 할 때면 일본식 노래인 '창가'를 종종 불렀다[30]고 한다.

당시 여자 아동들은 고무줄놀이도 많이 했다. 놀이에 사용하던 고무줄은 검정색 고무줄이 아닌 머리 등을 묶는데 사용하는 노란 고무줄 여러 개를 서로 연결한 것이다. 당시에는 고무줄 구하기가 쉽지 않아, 끊어지지 않도록 각별히 신경을 썼다. 방어진에서 만난 여성 제보자는 아버지가 부산에 있는 조양백화점에서 노란 고무줄을 자주 사다 주었다고 한다. 아버지가 사다 준 노란 고무줄 여러 개를 연결하면 길게 늘어뜨릴 수 있어, 친구들과 고무줄놀이를 많이 했다.

30 일본에서 만난 제보자들의 증언에 따르면 당시 일본 아이들도 새끼줄을 이용하여 줄넘기를 했다고 한다.

고무줄놀이는 혼자서도 할 수 있고 여러 사람이 함께 할 수도 있었다. 일정한 거리로 벌려 고무줄을 잡고 있으면 다른 사람이 그것을 뛰어 넘는다. 무릎에서 머리까지 고무줄을 점차 올리면서 즐길 수 있었다. 고무줄놀이 과정에서 아이들은 일본식 창가를 부르며 고무줄을 넘었는데, 창가의 내용 대부분은 일본식 군가였다.

방어진 지역에서는 사방치기를 '시찰내기'라 불렀다. 시찰내기는 돌을 이용하여 노는 놀이로 돌을 선을 그려 놓은 바닥에 던져 발로 차며 일정한 공간을 통과하는 놀이이다. 돌은 가급적 평평한 것을 사용했는데, 당시 여자 아동들이 집이나 학교에서 이 놀이를 많이 했다. 또한 여자 아동들이 즐겨하던 것으로 오자미(공기주머니) 놀이가 있었다. 쌀이나 모래 등을 넣어 만든 오자미를 던지면서 노래를 부르는 놀이다. 오자미를 혼자 높게 던져서 받기도 하고, 두 사람이 서로 주고받으며 놀았다. 이밖에 당시 여자 아동들이 많이 했던 놀이 중에는 땅따먹기와 훌라후프가 있다.

〈사진 제공: 울산동구문화원〉

2. 의정부 지역 성인들의 놀이문화

오늘날 의정부 지역[31]에서 행해지고 있는 놀이는 헤아릴 수 없을 정도로 다양하다. 그렇다고 이들 놀이 전부를 이 책에서 언급하기에는 다소 무리가 있다. 필자는 해방 이전의 놀이, 즉 해방 이전부터 있었던 민속놀이를 대상으로 의정부 지역에 어떠한 민속놀이가 있었는지를 정리하고자 한다. 의정부 주민들이 평소 즐겨하던 놀이에는 어떠한 것이 있으며, 이들 놀이의 방법 등에 대해서도 자세히 소개할 것이다.

해방 이전의 놀이를 정리하는 일은 현 시점에서 쉬운 작업은 아니다. 무엇보다 자료 부족이 주된 이유이다. 다행히 자료를 조사하는 과정에서 해방 이전의 신문자료에서 이 시기 놀이의 실상을 엿볼 수 있었다. 아울러 의정부 지역에서 나고 자란 고로들에게서 그 당시 즐겨했던 놀이들을 들을 수 있었다. 고로들은 과거 의정부 지역에서 볼 수 있었던 놀이를 자세히 기억하고 있었다.

본 글은 이러한 다양한 자료를 토대로 해방 이전부터 의정부 지역에서 행했던 민속놀이를 소개하고자 한다. 놀이의 성격상 여러 형태로 분류할 수 있지만, 여기에서는 계절에 따른 놀이로 구분하여 정리하고자 한다. 계절은 양력을 기준으로 하되 3~5월은 봄, 6~8월은 여름, 9~11월은 가을, 12~2월은 겨울로 구분하였다. 놀이에 따라 계절

31 의정부라는 명칭이 어디에서 유래되었는지를 알 수 있는 기록이 있어 소개한다.
議政府는 왜 의정부라하는가 본래 있든 지명인가 새로된 지명인가 이태조 創業時에 此地에 一時駐在하야 幹部들과 大事 즉 國事를 議論하든 곳이라 하야 議政府라 名하얏다 한다. 지금은 京城線의 重要驛으로 郡廳소재인(佛谷山下維陽里가 舊郡廳)로 새로 氣勢를 떨치는 곳이다(『개벽』 47 5-5, 「燈下不明의 近畿情形」, 1924. 5. 1.)

에 상관없이 일 년 내내 할 수 있는 것도 적지 않다. 이들의 경우에는 가급적 많이 행해진 계절에 포함시켰다.

1) 봄철의 놀이

봄철은 날씨가 따뜻해지다 보니 야외 활동이 많아지는 계절이다. 따라서 봄철의 놀이 가운데는 실내보다는 실외에서 즐길 수 있는 것들이 많은데, 의정부 지역도 이런 양상은 마찬가지다. 실제로 다양한 자료를 검토하는 과정에서 의정부 지역에서 행하던 봄철의 놀이는 다양하며, 실내보다는 야외에서 즐길 수 있는 것들이 겨울철에 비해 증가했음 확인할 수 있었다.

(1) 봄맞이

봄철이면 많은 사람들은 야외로 구경을 간다. 야외에 피어있는 꽃도 구경하고 도시락을 싸들고 봄맞이를 하였다. 봄맞이는 산과 들에 핀 꽃도 구경하지만 따뜻한 봄기운을 느끼기 위한 목적도 강하다.

성별, 혹은 나이에 따라 봄맞이의 세부적인 내용은 차이가 있다. 여자들이 즐겨하던 대표적인 봄맞이는 바로 꽃놀이다. 꽃놀이는 꽃을 구경하는 놀이로 전통시기에는 여성들을 중심으로 행하던 것이다. 하지만 일제강점기에는 남녀노소 할 것 없이 꽃놀이를 즐겼던 것으로 보인다. 봄철의 꽃놀이는 낮에 즐기는 경우가 많았는데, 일부 제보자들은 밤에 꽃구경을 하는 게 더 운치가 있다고 하여 밤에 꽃구경을 갔다. 해방 전이나 오늘날까지도 의정부 주민들은 꽃놀이를 많이 다닌다. 꽃놀이를 가는 대표적인 장소는 망월사다. 최근에도 많은 사람들이 도시락 등을 싸서 망월사로 꽃구경을 간다.

그런데 망월사는 서울과 가까운 곳에 위치한 연유로 예나 지금이나 서울 사람들이 주로 찾는 봄맞이 장소였다. 다음 기사에서 이런 사실을 엿볼 수 있다.

오늘, 내일, 이틀 休日에
郊外로! 公園으로!
전차깝도 싸진바람에 더욱 많을
봄빛찾을 行樂의철

따뜻한 볕아래, 쑥캐는 아이들。

〈오늘 내일 이틀 휴일에 교외로 공원으로〉

봄빛 가득이 실은 교외의 산과 들 잔디 속잎 푸릇푸릇한 양지짝 언덕 졸졸 흐르는 시냇물가 이 모두가 오래 동안 겨울에 잠자든 도회지사람의 맘을 이끌고 맘보다도 발을 이끄는 작금의 따뜻한 날, 오늘이 일요일이오 내일이 제일이라 연거푸 노는 이 따뜻한 봄날을 가장 즐겁게 맞으려는 도회 사람은 교외로 청량이며 왕십리 뚝섬이 아니면 서빙고 서쪽으로는 마포 당인리 가까이는 연히릉 부근 일대로 봄빛을 찾아 행락을 취할 뿐이며 좀 더 여유가 있는 이는 벌써 어제 토요일저녁으로 멀찍이 떠나 새로 생긴 백천온천이나 온양온천이 아니면 그립든 바다를 찾아 인천에를 가는 이도 많아졌다.(중간생략) 수림을 찾아 절간으로 찾아 가는 젊은 남녀의 그림자도 무더니 많을 것이니 새절 영도

사 탑골승방 청량사 한걸음 나아가 의정부쯤 가서 망월사 도 좋을 것이다.(이하생략)[32]

일제강점기의 이러한 모습은 조선시기만 하더라도 쉽게 볼 수 있는 풍경은 아니었다. 오락과 취미의 개념이 널리 알려지면서 이런 문화가 생겨난 것으로 보인다. 좋은 풍경을 지닌 망월사가 봄맞이 장소로 각광을 받았던 것도 이와 관련이 있다. 조사 과정에서 만난 여러 제보자들은 일제강점기부터 야외로 도시락을 싸서 망월사로 소풍을 다니기 시작했다고 한다.

한편 한국 전쟁 직후까지만 하더라도 의정부 지역 아녀자들은 산과 들에 꽃이 필 때면 삼삼오오 모여 꽃을 따다 화전을 만들어 먹기도 하였다.

(2) 활쏘기(각궁)

활쏘기는 주로 남성들이 즐겨하던 것으로 비교적 오랜 역사를 지닌 놀이다. 일제강점기 문헌에도 여러 지역에서 활쏘기를 했다는 기록은 쉽게 볼 수 있다. 해방 이전 의정부 지역의 남성들도 활쏘기를 많이 하였다. 『동아일보』 '의정부 궁술대회'의 기록에서 이런 사실을 확인할 수 있는데, 당시 신문에 기록된 내용을 소개하면 아래와 같다.

양주군 시두면 의정부리에서 오월사일 동리제씨同里諸氏 의 발기로 시장 내에 궁술대회를 개최하였는데 관람자가

32 『동아일보』, 1933. 4. 2.

수 백 명에 달하여 성황을 이루었다러라(양주)[33]

위의 기사를 통해 일제강점기 의정부 시장에서 수 백 명이 구경하는 궁술대회가 열렸음을 확인할 수 있다. 다만 이 대회가 어떤 규모로 행해졌는지에 대해서는 추정이 불가능하다. 수 백 명이 참가한 대회였다고 기록된 것으로 보아 의정부 주민들 중에서 당시 활쏘기 놀이를 즐겨하던 사람들의 수가 적지 않음을 추정해 볼 수는 있을 것 같다.

(3) 시율詩律

오늘날에는 거의 찾아볼 수 없는 의정부 지역의 놀이 가운데 하나가 바로 시율놀이다. 시율은 본인이 직접 시를 지은 다음 읊는 것으로 해방 이전에는 전국 여러 곳에서 이를 이용한 대회가 열렸다. 이 대회가 바로 시율대회이다. 시율 대회는 대회라는 명칭이 붙어 있긴 하나 시를 가지고 논다는 점에서 놀이적 성격을 지닌다. 1925년 전국 각지에서 많은 사람들이 모인 시율대회가 의정부에서 개최되었다.[34] 당시 의정부에서 개최된 시율대회를 구체적으로 소개하면 아래와 같다.

〈현상시율성적 예상밧게 성황〉

기보한바 양주군 시둔면 의정부 한시가 제시의 발기 조

---

33 『동아일보』, 1922. 5. 8.

34 『동아일보』, 1925. 4. 13.
의정부현상시율대회(돌출광고)
양원음사 의정부 현상시율대회

선동아 양 지국 후원인 현상시율대회는 음모자의 다수로 예상 이상에 성적이 양호하야 지난 26일 오전 11시부터 장지공회당내에서 한시에 고명한 경성 정만조씨가 고시한 결과 입선된 씨명 급 상품은 아래와 갔다고(전국 각지에서 모인대회임)

일등 오십원 강원 평창 김용경, 이등 삼심원 경남 동래 이희보, 평남 평야 황석룡, 삼등 십오원 경기 파주 이병성 강원 춘천 권양판 경남 동래 박임봉, 사등 십이원 강원 철원 황면수 경기 시흥 유근배 동 양주 김준영 동 김수영 오등 삼원식 옥편 각일책씩[35]

위의 기사를 통해 전국 각지에서 많은 사람들이 이 대회에 참여했음을 알 수 있다. 하지만 이 대회 이후 의정부 지역에서는 시율대회가 더 이상 열리지 않은 것으로 보인다.

시율대회와 유사한 놀이인 가투도 의정부 아녀자들이 즐겨하던 놀이다. 가투는 시조가 적힌 카드를 가지고 노는 것이다. 시조 전체가 적힌 카드, 초장, 중장, 종장이 적힌 네 종류의 카드를 가지고 노는데, 한 사람이 시조 전체 중 일부를 읽어주면 나머지는 빨리 그 카드를 찾아야 한다. 해방 직전까지도 일부 여성들을 중심으로 이 놀이가 전승되었으나 오늘날에는 이 놀이를 즐기는 사람을 거의 찾아볼 수 없다고 한다.

한편, 1935년 『동아일보』(5월 25일)기사를 통해 의정부 주민들은 봄철이 되면 서울(경성)을 구경하러 다녔음을 알 수 있다. '경성부인

35 『동아일보』, 1925. 4. 30.

견학단 모집'이라는 기사가 그것인데, 경성을 견학할 부인을 모집하여 경성의 대표적인 볼거리인 대창직물, 창경원, 비원, 총독부 방송국, 조선은행 이화여자 과학관, 조선 신궁 경성우편국 등을 견학하였다. 당시 이 행사를 주최한 단체는 동아일보사 양주지국이었으며, 1936년 5월 25일 오전 7시에 서울로 출발하여 당일 돌아오는 일정이었다. 이 기사를 통해 회비는 1원이고 모집 최대 인원은 30명이었음을 확인할 수 있었다.[36]

당시 얼마나 많은 사람들이 이 행사에 참여했는지 알 수 없다. 다만 이 시기 의정부 주민들이 견학 및 관람을 목적으로 경성을 견학했음을 엿볼 수 있다는 점에서 이 자료가 의미가 있다. 지금이야 지하철이나 자동차를 이용하여 서울을 쉽게 구경할 수 있지만 과거에는 이런 것들이 결코 쉽지 않았음을 이 자료는 보여준다.

2) 여름철의 놀이

날씨가 더워지는 여름철은 다른 계절에 비해 놀이가 많지 않다. 다만 농업이 활발하던 시절에는 김매기와 관련된 두레(농악)패 놀이가 행해졌으며, 김매기가 끝나는 날이면 씨름대회가 크게 열렸다. 하지만 농업 인구수가 줄어들면서 오늘날에는 이러한 놀이가 자취를 감췄다.

여름에 해당하는 음력 5월 5일인 단오에는 여러 마을에서 씨름과 그네뛰기를 하였다. 물론 그네와 씨름이 반드시 이날에만 행해지던

36 『동아일보』, 1936. 5. 25.
5월29일 오전7시 의정부역 집합 귀착 당일오후 7시 3분 의정부역착 회비 일원씩 각자 휴대 정원 30명 기한내라도 정원되면 사절 견학장소 대창직물 창경원 비원 총독부 방송국 조선은행 이화여자 과학관 조선 신궁 경성우편국 등 주최 동아일보사 양주지국

것은 아니었다. 조사 과정에서 만난 고로들은 과거에는 단옷날에만 씨름이 있었던 것이 아니라 추석날에도 씨름을 많이 했다고 한다. 여름철에는 산과 바다를 찾아 더위를 피하는 경우도 많았다.

(1) 그네뛰기

그네뛰기는 의정부 지역 여자들이 여름철, 그 중에서도 특히 단오 무렵에 많이 하던 놀이이다. 의정부에서의 그네뛰기는 비교적 근래까지 마을 단위를 중심으로 전승되었으나 도시화 과정에서 자취를 감췄다. 하지만 의정부 지역에서 어린 시절을 보낸 고로들은 그네뛰기의 모습을 고스란히 기억하고 있었다. 그네뛰기를 하였던 대다수의 마을에서는 그네가 매여져 있는 곳에서 그네를 뛰었다. 당시의 그네는 마을 청년들이 단오 무렵에 매어주었는데, 그네를 맬 때는 무엇보다 나무가 튼튼해야 했다.

마을 청년들이 그네를 매어주면 여성들은 본격적으로 그네를 뛰었다. 혼자서 뛰는 경우도 있지만 두 사람이 같이 타고 뛰기도 하였다. 의정부 지역에서는 단옷날 그네를 뛰어야 한 해 동안 운세도 좋고 몸도 건강해진다는 속설이 전해온다.

민락동 삼귀마을에서도 단옷날 그네뛰기 놀이를 하였다. 이 마을에서는 사월 초파일날 동네 여러 곳에 매어둔 그네를 단옷날 뛴 다음, 줄을 끊는다고 한다. 그네는 동네 청년들이 집집에서 짚을 모아 굵을 줄을 다려서 매었다[37]고 한다.

(2) 두레놀이 및 호미씻이

의정부 지역에는 여러 마을에 두레패가 있었다. 모내기와 김매기 등의 공동 작업을 위해 두레패가 만들어진 것이다. 농경사회에서의 대표적인 공동 노동은 모내기와 김매기이다. 힘든 작업 과정에서 능률 향상을 목적으로 별도의 풍물패가 조직된 것이다. 두레놀이는 바로 이들 풍물패를 중심으로 놀던 것을 말한다. 농번기는 물론 농한기에도 풍물에 맞춰 마을 사람들은 두레놀이를 하였다.

두레놀이는 작업 과정에서 풍물을 치며 흥겹게 노는 것이다. 일부 지역에서는 두레패에서 제작한 두레기(농기, 농상기)를 가지고 마을끼리 모의적으로 싸우기도 하였다. 가령 자기네 마을의 두레기가 형님

37 국립문화재연구소, 『경기도 세시풍속』, 2001, 564쪽.

이니 인사를 하라고 시비를 걸어 서로 다투는 것이다. 이러한 놀이가 있었던 곳은 동막골(장암동)과 발곡마을이다. 이들 마을에서는 일하고 돌아올 때 발곡이 연령이 많은데 동막이 많다고 우겨 서로 자기네가 형님이니 먼저 절을 하라고 싸움이 붙어 밤늦게까지 밥을 해먹으며 싸웠다. 결국은 농상기를 늦게 만든 아우 동네인 동막골 농상기가 절을 하였다. 옛날에는 농악대 회원 모두가 같은 모자를 쓰고 반바지 차림으로 복장하였다.[38]

무더운 여름 김매기가 끝나면 호미씻이(호미씻애, 호미씻기)를 하였다. 농사일 중 가장 힘든 김매기가 끝났다는 의미로 농사를 크게 하는 집에서 음식을 장만하여 풍물을 치며 놀았다.

(3) 씨름

의정부 지역의 씨름은 주로 단오와 백중 무렵에 행해졌다. 조사 과정에서 만난 일부 제보자들은 단오 무렵에 마을에서 큰 씨름판이 벌어졌다고 하나, 칠월 백중 무렵에 행해졌던 씨름 대회에 대해서는 자세하게 기억하지 못하였다. 그렇지만 의정부에서는 씨름이 특정 날이나 계절에만 행하던 놀이가 아닌 것으로 확인하였다.

성인들의 씨름놀이는 아동들과 달리 유희가 주된 목적이 아니다. 일정한 상품을 걸어놓고 우승한 사람이 상품을 차지하는 것이었다. 김매기가 끝나는 칠월 백중 무렵이면 여러 마을에서 씨름 대회가 크게 열렸는데, 1등을 차지한 장원에겐 작은 송아지를 상품으로 주었다. 이러한 대회는 마을 혹은 읍 단위로 진행하였다.

일제강점기인 1930년대에는 큰 규모의 씨름대회가 의정부 역전에

38 위의 책, 278쪽.

서 열렸다. 1934년 7월 14일(음력)에서 17일(음력)까지 의정부 천변 씨름판이 마련되었다. 정확한 실상을 파악할 수 없지만 의정부에서 내놓으라는 장사들이 모였던 것으로 보인다.[39]

또한 1930년에는 단오 무렵에 각희대회(씨름대회)가 의정부에서 열렸다. 이 대회는 의정부 지역의 음식점 조합이 주최하고 조선일보 양주지국의 후원으로 20일(음력5월5일)부터 3일간 열렸다. 대회에서는 일등으로 큰 소大牛 일 두를 비롯해 2등으로는 은광목 일필 등이 주어졌다.

〈의정부 각희〉

경원선 의정부에서는 음식점 조합 주최와 조선일보지국 후원으로 래20일 음5월5일부터 삼일 간 예정으로 각희대해를 시작할 터인데 일동상은 大牛일두, 이등상은 은광목 일필이요, 기타 부상품이 있을터이며, 원래 각희로 유명한 양주의 일이라 벌서부터 대성황을 예기한다.[40]

의정부 지역에는 힘이 센 장사도 많았다. 1926년 복계에서 개최된 '복계각희대회'에서 2등을 한 사람이 '강창현'인데, 그가 바로 의정부 사람이었다.[41]

---

39 『동아일보』, 1934. 8. 24.
양주각희대회
경원선의정부역전 시민주최로 다음과 같이 씨름을 한다고 한다.
장소: 의정부천변, 기일: 自陰7월14 同17일

40 『동아일보』, 1930. 6. 21.

41 福溪脚戲성황 기보 복계역전의 시장시일변경기념 여흥으로 각희대회를 지난 음4일부터 3일간 복계 우시장에서 개최하였다는데 사방에서 용장역사들이 다수 운집하야 대성황을 정하였다는 바 당선 역사는 여좌하다러라(평강) 이등 의정부 강창현(『동아일보』, 1926. 9. 18).

(4) 명승지 유람

해방 이전 의정부 지역의 신문자료 검토 과정에서 봄철에 경성 지역을 견학했던 사례 이외에 여름철이면 북한 지역에 속한 원산과 금강산 등을 유람한 기사를 확인할 수 있었다. 명승지 유람은 1930년대 초반에 전국적으로 유행하던 당시의 풍속이다.

신문에 실린 내용을 보면 의정부 지역에서는 양력 8월경에 유람을 많이 다닌 것으로 보인다. 명승지 유람은 동아일보 양주 지국에서 주최하였다. 1930년 4월 1일자 '삼방, 석왕사와 원산유람단 모집'과 1931년 8월 11일자 **'금강산 탐승단 모집'**이 대표적인 기사이다. 전자는 기차를 타고 원산 시내는 물론 석왕사釋王寺 등을 함께 유람하는 일정이었으며, 후자는 자동차를 타고 금강산을 유람하였다. 이들 두 기사의 상세한 내용은 아래와 같다.

〈삼방三防, 석왕사釋王寺와 원산유람단 모집〉

본보 양주지국에서는 원산유람단을 모집하기로 한바 유람자는 삼방약수포 석왕사 원산 해수욕장과 원산 시내를 견학한다. 신청 기한은 8월14일까지 의정부 역장에게나 또는 본보양주지국에 신청하기를 바란다. 기차임은 왕복에 4원 80전인바 단 인원이 많을수록 차임은 적어진다. 의정부역에서 오는 15일 오전 11시 8분발 회령행 열차를 타고 삼방협에 나려 5시간가량을 수이다가 다시 석왕사로 가서 하로 밤 쉬고 이튿날 오후 2시발 원산행 열차로 송도원 해수욕장을 다녀 도로 시내를 견학하고 밤11시 22분에 원산을 떠나 17일 새벽 5시45분에 의정부에 도착된다는데 가족을 동반함도 환영하며 차임이외의 여비는 각자 부담

이라 한다.[42]

〈금강산탐승단 모집〉

의정부역 조역 주최와 본사 양주지국 후원으로 금강산 탐승단을 모집하기로 하였다 한다. 기차 자동차 왕복 임금 6원17전만 신입할 때 첨부하고 숙박비와 기타 비용은 따로 준비하며 내외 금강산을 다 구경함에 차임과 숙박비 기타 전부 비용은 약 15원이면 다녀온다. 다시 해금강을 구경하려면 탑승객의 마음대로인데 왕복 자동차 임금 일원 육십전만 더 내면 바다 가운데의 금강산도 구경할 수 있다 한다. 참가 규정은 아래와 같다 한다.

신청 장소: 의정부역조역우 동아일보지국

신청 기간: 8월18일까지

출발 기일: 8월23일 오전12시4분

신 청 금: 6원17전

환착 8월26일 오전5시 43분[43]

이밖에 의정부 주민들은 여름철이면 가까운 개천으로 가서 더위를 피하였다. 여자들은 물맞이를 하였으며 남자들은 그물을 이용하여 물고기를 잡아 탕을 끓여 먹었다. 개천에 갈 때는 제철 과일인 수박과 참외를 가져가 먹었다.

---

42 『동아일보』, 1931. 8. 6.

43 『동아일보』, 1931. 8. 11.

3) 가을철의 놀이

가을철이 되면 의정부 주민들은 농작물 수확 등으로 바쁘게 하루하루를 보내야 했다. 그러다 보니 가을철 어른들의 놀이문화는 그리 많지 않았다.

(1) 단풍구경

의정부 주민들의 가을철 대표적인 놀이에 단풍구경이 있다. 해방 이전에는 '관풍회'라는 명칭으로 행해지던 놀이문화다. 근래에는 농사일을 마무리하고 마을 주민들끼리 '관광계(여행계)'를 조직하여 설악산이나 내장산 등으로 단풍구경을 간다. 이러한 풍습은 해방 이전 보다는 근래에 오면서 많이 행해지던 놀이다. 다만 해방 이전에도 수확이 끝나면 가까운 곳으로 단풍 구경을 가는 경우가 종종 있었다고 한다.

해방 이전 의정부 지역은 가을이면 서울 사람들이 즐겨 찾는 명소 중에 하나였다. 봄철 꽃구경과 더불어 가을풍경을 만끽할 수 있는 곳이었다. 이런 모습을 보여주듯 해방 이전의 신문에는 가을철 서울 근교 행각지로 의정부가 종종 소개되었다. 일부 내용을 소개하면 다음과 같다.

> 〈기청가족관풍회〉
>
> 중앙 기독교 청년회부에서는 다음과 같이 가족 관풍회를 연다고 하다. 처소 회룡사(의정부에서 팔렬량, 일자 10월 21일(토)요일 오전9시22분 청량리역 발 차비 76전(전차비포함) 오찬 자비[44]

---

44 『동아일보』, 1933. 10. 21.

의정부에서 포천으로 가는 노정路程도 해방 이전에는 명성이 높았던 단풍 코스였다. 서울 근교의 행각지인 광릉光陵 코스를 소개하는 기사에 이 노정이 소개되어 있다. 자세한 내용은 아래와 같다.

〈근교행각지 기일 광릉光陵코스〉

이 코스의 특징은 경성부근에서 보기 드문 삼림 계류의 미를 가지고 있어서 서정시적 풍경이 풍부하고 자연에서 가을을 탐구하는 하이카에게는 다시없는 명소이다. 길은 평탄할 뿐만 아니라 소형의 자동차로드라이브를 할 수도 있다. 이 코스의 노정은 의정부에서 포천행의 자동차에 타고 축석령에 가서 자동차는 그만두고 우편으로 구별들어가면 길은 냇가를 따라서 동으로 뻗치어 있다. 이적은 시내 쪽에 있는 길을 따라서 소박한 시골촌락인 송현리 직동을 기내면 얼마 가지 않아서 광릉의 임업시험장에 이르게 된다. 부근 일대의 산림에는 송풍역유 등의 침활엽수가 울창하게 들어서서 백주에도 어두운 삼림지대로 되어 있다. 시험장을 지내어 양편에 들어 선 길은 동으로 걸어가면 약 반시간쯤 되어 맑은 계류가로 나오게 된다. 이 시내를 로적 다리로 건너면 길은 급작이 올라가는 길이 나선다. 길가에는 이름 모를 야초가 나울거려서 보는 사람으로 하여금 기쁘게 한다. 올라가는 길을 다 올라가면 적송에 덮여 잇는 소로를 다 내리게 되지 봉선사의 경내에 들어서게 된다. 시내를 건너서 약 이십분쯤 가면 봉선사의 마루에 가 앉게 된다. 이절은 이조세조왕의 보제

사로 건축된 것이다.[45]

(2) 습률대회(밤 줍기 대회)

제五회
가정부인습률대회
성황으로마치어

오래전부터 의정부 지역은 밤栗으로 유명하였다. 의정부 지역에서도 특히 장암의 양동리가 밤으로 명성이 높았다.[46] 이런 연유로 해방 이전 의정부 지역의 밤과 관련된 기사를 찾는 과정에서 우연히 습률대회(밤 줍기 대회)와 관련된 자료를 찾을 수 있었다. 실제로 해방 이전의 신문 자료에는 습률대회가 자주 거론되었다.

45 『동아일보』, 1937. 9. 17.

46 밤의 명산지 의정부 교외 佳陵 長岩 양동리를 연합 십리 율림에 맑게 개인 가을볕을 바다 밤송이는 웃는 드시 아금이 벌엇다 비단결 같은 잔디 우에 스치는 금풍을 따라 하나 둘씩 떨어지는 밤들 노리에 첫손꼽는 발줍기 노리도 당절이다(『동아일보』, 1933. 10. 04).

해방 이전의 습률대회에는 주로 부인들이 참여하였다. 대회는 신문사에서 주최하였으며 대회에 참가하기 위해서는 소정의 참가비를 내야했다. 의정부에서는 1935년대에 처음으로 습률대회가 열린 것으로 보인다. 의정부와 더불어 밤으로 유명한 안양에서 두 차례 습률대회가 먼저 열렸고, 1935년에 제3회 대회가 의정부에서 개최된 것이다. 3회 대회를 시작으로 의정부에서 여러 차례 습률대회가 열렸다. 어떤 연유로 이 대회가 안양에서 의정부로 옮겨왔는지 알 수는 없다. 의정부 지역에서 오래전부터 밤이 많이 생산되었기 때문에 이 대회가 이곳으로 옮겨온 것으로 보인다.[47]

당시 대회에 참가한 사람들은 의정부 주민을 포함해 서울과 경기도 주민들이었다. 우선 1935년 9월 29일에 개최된 제3회 습률대회 홍보기사를 살펴보도록 하겠다.

> 〈가을빛 가득한 교외로〉
>
> 잡지 신가정 주최의 제삼회 습률대회는 모래29일 음력 9월 초이튿날로 임박하였다. 먼지 덮인 서울의 장안으로부터 발을 동쪽성 밖으로 내어드리면 산과들에는 가을빛이 밤나무 그늘 밑에 금잔디 방석을 펴고 반갑게 맞아 드

47 생율명지(生栗明地)인 양주군(楊州郡)
양주는 대체 어떠한 곳을인고 촌기야동도 기명을 숙지하되 가치 어지간하게 근기의 명군인가보다.(중간 생략)토지로 말하면 民有地가 24만12천 여평이요 국유지가 만여反인데 경지로는 답이 11만4여반이요 전이 13만3천여반이다. 이중 곡물의 출산로는 미가 12만석이상이요 맥이 오만오천여석이요 두류가 오만삼천여석이요 특용작물로는 면이 구만이천여근이요 大麻가 구천관완초육천관 연초 팔천여관이 産하고 蔬菜류로는 馬鈴碧 이십삼만산천관, 특히 白菜 칠십구만팔천여관이 유명하다. 양주 백채의 名은 楊州栗과 같이 경성에서도 呼稱하는 것이다. 양주율말이 나스말이지 양주는 果然栗國이라해도 가하다. 초목이 십일만칠천 여수인데 年産高가 십일만사천 내지오천여관이다(이하생략)(「燈下不明의 近畿情形」, 『개벽』47 5-5, 1924. 5. 1, 90쪽).

리련다. **이번 습률대회의 장소는 과거 2년 동안 정들인 안양에서 의정부로 옮겼다.** 물과 돌이 좋고 계속가으로 보기 좋게 벌려있는 밤나무 그 밑에는 잔디가 펼쳐있어 시내가에 발담그기도 좋고 냇물 소리 들으면서 여흥에 또 취미만은 유성기소리에 실익이 담뿍한 순서와 상품타기 경기 고기연하기로 유명한 의정부에 지일 가는 소라리 한짝 상타기 등 가지가지 흥취진진한 행사로서 하로 해를 가을빛 가득찬 정원에 안겨 뛰놀 날도 모래다. 잔풍은 반만 붉고 시내물은 맑았는 데라는 시조 그대로의 선경仙境 의정부 밤나무 밭은 만단의 준대로의 다 갖춰 놓고 우리 습률대회의 회원을 기다리고 잇다. 이번의 회비50전은 한사람으로서는 청량리에서 의정부까지 왕보차기 60전보다도 10전이 싼 회보로서 밤 줍기에 또 가지가지종목에 상타기며 어린이 운동까지 있으며 그밖에 금상첨화로 다음의 종목과 같이 그의 이야기를 듣고는 허리를 못 페기로 유명한 윤백남의 야담도 있어 실로 하로 해를 지내는데 취미와 실익이 담뿍하고도 남는다. 여러 가지 사정으로 이번 회원을 이백 명으로 제한하였으며 참가수속은 내일정오까지 본사서무부로 회비 50전을 가지고 오면 여러 가지주의 사항 인쇄한 것을 줄 터인데 이것을 자세히 보면 알겠지만 29일 아침 8시까지 청량리정거장에 꼭 도착되어 단체행동에 빠짐이 없도록 하기를 바란다. 밤 밭은 정거장에서 15분가량 걸어가면 된다.[48]

48 『동아일보』, 1935. 9. 27.

당시 의정부에서 열린 습률대회에는 밤 줍기 행사만 있었던 것은 아니다. 개회식을 시작으로 오찬과 함께 다양한 놀이도 포함돼 있었다.

〈제오회 가정부인습률대회 성항으로 마치어〉

오전9시반 의정부역에 내렸습니다. 즐겁기는 하면서도 주체스럽게 점심 짐을 맡기더니 일행은 거뜬한 듯 활기 차게 출발을 합니다. 의정부 장터를 빠져서 교외로 나서니 안개도 말끔이 걷히고 흠식 익은 오곡 무엇이라 설명할 수 없는 구수한 향기를 풍겨줍니다. 어제 비에 촉촉하니 젖은 땅은 밟은 감촉도 돌과 시멘트 우에서만 살던 일행에게는 더욱 인상이 깊었을 것입니다. 밤나무가 좌우로 쭉 들어섰습니다. 일행의 장사진은 이 밤나무 터널을 빠져서 달밤 우물 둥천에서 속사기는 처녀들의 이야기 소리 같이 다정한 물소리를 들어가며 화장으로 들어섰습니다. 회장에 닿은 것은 10시40분, 순서대로 무장정내동씨의 개회사가 잇은 후 약한 시간 동안은 산으로 냇가로 흩어져 가을을 즐기고 점신 전에 홍대紅隊 "힘내기"경기가 있었습니다.

호우 영시 반에 유쾌한 오찬이 시작되었습니다. 너튼 풀밭에는 금시로 잔치상이 버러진 듯 옆에서 옥수가 흘러내리는 물결 소리를 들으며 재미있게 이야기하는 소리 웃는 소리가 고요하던 잔디밭을 잔치자리로 변하게 되는 것을 볼 때 이런 기회가 일 년에 심지어 몇 번쯤은 있었으면 했습니다. 식사가 끝나고 이번에는 청대靑隊의 "맹아경기" 황대黃隊의 "종치기" 자대紫隊의 원넘기가 있었고 뒤에 황

대黃隊밤 줍기 보배돌 두르며 등의 "유쾌한 여흥이 있었습니다."(이후 생략)[49]

4) 겨울철의 놀이

(1) 투전

「소위어른이란것이 투전을함부로하야」
거의一洞이투전製造生涯
賭博으로일삼는못된風紀
◇東新里少年團의奮起
會長都善俊 副會長金思韶
幹事朴相玉 金琫龍 諸少年

安城郡寶蓋面東新里에는十餘戶가賭博을製造販賣할뿐아니라里中에老少배가賭博을盛行함으로今番同里有特한少年들이相議하야左記趣旨下에서東新少年會를組織하고少年夜學會를開設하야無産兒童을敎育하며夜間에는里中에巡廻하야賭博을禁止한다는데同會의趣旨書는아래와갓다고(安城)

自古로우리東新里는四十餘戶의거의全部가투전을製造하야生涯를삼고子弟의敎育은도라보지안을뿐아니라所謂어른이라하는이들이賭博을함부로하야어린아해들外지이에傳染하야賭博하기를例事로알게되야一洞이조흔風俗은업서지고惡風만남게됨을엽는少年일지라도痛嘆으로생각하야이번에少年會를組織하고다음에적은바와가치實行하고저하오니우리少年은다가치나아갑시다

一、夜學會를設置하고學校에다니지못하는少年을쉬로가라처줄일

二、夜間에는里中에巡廻하야賭博하는者를發見하야조흔말로일러서그른일을하지안케할일

三、農時에農事에困難한사람이잇거든本會員一同이勞苦를가리지말고助役할일

화투가 소개되기 전 의정부 남성들이 즐겨하던 놀이에 투전이 있었다. 다만 다른 지역과 달리 투전을 즐기던 사람들은 많지 않았다. 그 이유는 먹고 살기 힘든 시절에 돈을 걸고 투전을 하기가 쉽지 않았기 때문이라고 한다. 개중에는 심심풀이로 투전을 하는 경우도 있었다. 해방 전에는 주로 겨울철에 남자들이 골방에 모여 이 놀이를 즐겨했다. 일부는 장터나 초상집에서도 이 놀이를 하였으나 해방 이후에 자취를 감췄다.[50]

---

49 『동아일보』, 1938. 10. 13.

50 장암동, 최○대(남,78), 2013. 6. 6 조사.

투전을 하기 위해서는 문양이 그려진 투전지가 필요하다. 창호지를 여러 겹 붙여서 가죽처럼 단단하게 투전지를 만드는데, 길이는 15㎝ 정도이며, 각 장에는 1부터 10까지의 숫자를 상징하는 그림이 그려져 있다. 한 목은 각 숫자별로 4장씩 총 40장이다. 보통 이 놀이는 3~4명이 모여서 한다. 각자 2~3장의 종이를 받은 다음 그 수를 모두 더한다. 더한 수의 끝자리를 끗이라고 하는데, 끗이 높아야 이긴다. 물론 같은 숫자가 그려진 투전을 받는 것이 가장 좋은데 의정부에서는 그것을 '땡'이라고 하였다. 근래까지도 투전과 마작을 즐겨하던 남성들을 찾아보기 쉽지 않다. 다만 나이가 연세가 많은 어른들은 어린 시절 마을 어른들 여러 명이 겨울철 방안에서 이들 놀이를 하는 모습을 자주 보았다고 한다. 투전 이외에 골패도 어른들이 즐겨했는데 돈을 걸고 하는 놀이인 관계로 마을 어른들은 아동들에게 투전과 골패를 못하게 하였다.[51]

(2) 척사대회

척사대회는 윷놀이와 관련된 대회이지만, 마을 주민들이 한 자리에 모여 놀이를 즐긴다는 점에서 단체 놀이의 성격을 지닌다. 여러 제보자들의 증언을 종합해 보면 의정부 지역의 척사대회는 해방 이전부터 있었던 것으로 보인다. 오랜 역사를 지닌 척사대회는 오늘날에는 비교적 여러 마을에서 행해지고 있다. 예나 지금이나 척사대회는 부녀회나 청년회에서 주관을 한다. 또한 대회가 열리는 날도 정월 대보름 경이다. 척사대회가 열리는 날은 마을 잔치가 벌어지는데, 주

51 장암동, 최○환(남,78), 2013. 6. 6 조사.

최하는 측에서는 떡과 여러 가지 음식을 준비한다.[52]

의정부 지역의 척사대회가 일제강점기에도 있었음을 보여주는 자료가 있다. 1925년 조선일보와 동아일보 양 지국의 후원으로 양주공회당에서 열린 척사대회가 그것이다. 이 척사대회와 관련하여 신문에 소개된 기사를 소개하면 다음과 같다.

〈양주척사대회〉

의정부 내 유지 제씨의 발기와 조선·동아 양지국 후원으로 개인 척사대회를 지난 구 정월 16일 오전11시부터 양주공회당에 개최하였는데 참가 인원이 27명에 달하야 대성황으로 오후12시에 무사히 마쳤으며 입상된 인원의 씨명급及 상품은 여좌하다고(양주)

일등 은시저 일개식 박풍화

이등 은배 일개식 김명완 동同 윤병용

삼등 양산 일개식 박종기 동同 박영수 동同 문호준[53]

척사대회와 관련하여 또 다른 기사가 없는지를 살펴보는 과정에서 1935년 1월 10일 의정부 시민 주최로 승학관에서 척사대회를 개최한 사실도 확인할 수 있다. 이 대회는 무려 130여명이 참가하여 대성황을 이루었다.

의정부 시민 주최와 본보 양주지국후원으로 신춘 척사

---

52 장암동, 최○환(남, 78), 2013. 6. 6 조사.

53 『동아일보』, 1925. 2. 11.

> 대회는 예정과 같이 지난 6일 오후 4시부터 승학관에서 개최하였는데 참가 인원이 130여인에 달하야 대성황을 이루었다고 한다.[54]

오랜 역사를 지닌 의정부의 척사대회는 오늘날까지 전승되고 있다. 대개 매월 정월 대보름 경에 척사대회가 열리는데, 확인한 바로는 꽃동네와 고산동, 장암동 지역에서도 척사대회가 열리고 있다.

(3) 지신밟기

음력 정월 대보름 무렵 의정부 여러 지역에서는 풍물패를 앞세우고 각 가정 집을 돌며 지신밟기를 하였다. 지신밟기는 종교적 성격을 지니고 있긴 하나 마을굿을 끝내고 풍물을 앞세워 각 가정을 돌며 축원을 해주고 음식 등을 나눠 먹는다는 점에서 놀이적 성격을 포함하고 있다.

의정부 여러 지역에서 해방 이전부터 지신밟기가 있었음을 확인할 수 있었다. 해방 이전에는 특별한 음식이 없어 안택을 목적으로 집을 찾아온 풍물패에게 술과 떡을 대접했다. 그리고 형편이 좀 나은 집에서는 쌀이나 보리 등을 마을 기금으로 내놓았다. 하지만 도시화 과정에서 지신밟기는 자취를 감췄다.

(4) 불놀이

불을 가지고 노는 불놀이는 주로 정월 대보름 무렵에 즐겨 하였다. 일부 제보자들은 불놀이를 '불싸움'이라 불렀다. 과거에는 볏짚을 엮

---

54 『동아일보』, 1935. 1. 10.

거나 솜뭉치를 철사로 묶어 긴 나무를 연결하여 이 놀이를 하였다. 불을 가지고 놀다 보니 놀이 과정에서 화상을 입는 경우도 종종 있었다.[55]

횃불과는 조금 다르지만 쥐불놀이도 정월 대보름날 하던 놀이다. 논과 밭 사이의 풀을 태우는 것인데, 주로 첫 쥐날인 상자일에 즐기던 놀이다. 정월 대보름 무렵에 이 놀이를 하는 이유는 해충을 없애기 위한 측면도 있지만 풀을 태운 후 남은 재가 좋은 거름이 되기 때문이다.

기존 조사보고서에 따르면, 정월대보름날 저역이면 금오동에서는 천보산, 신곡동에서는 앞산 분 고개에 달맞이를 하러 갈 때 불놀이를 하기 위해 닷북대(횃대)를 가지고 올라갔다고 한다. 다북대는 제비쑥으로 만드는데 제비쑥을 한 움큼 모아서 짚으로 자신의 나이만큼 매듭을 지어 묶는다. 달이 솟아오르면 다북대에 불을 붙여 두 손에 들고 "달님 절합니다. 달님 절합니다"하면서 각자 기원하는 바를 읊었다. 그러면 다북대가 "타닥, 타닥, 탁 탁"하는 경쾌한 소리를 내면서 타내려오는데 나이수대로 묶은 매듭을 하나하나 풀면서 끝까지 다 태운다고 한다. 이 다북대를 만들어 소원을 비는 것은 보통 15세까지 했고, 아동이 너무 어릴 경우에는 부모가 대신 빌어주기도 했다.[56]

이밖에 겨울철 성인들의 놀이 가운데는 제기차기와 동전치기, 그리고 석전이 있었다. 이 중 석전은 비록 아동들 중심의 놀이긴 하나 어른들이 참여하는 경우도 있었다. 자일동 귀락 마을에서는 약 30년 전까지 정월에 석전을 했다는 보고가 있다. 이 자료에 따르면 부용천을 중심으로 꽃동네 사람들과 신곡동 사람들도 횃불과 돌을 던지며

55 장암동, 최○환(남, 78), 2013. 6. 6 조사.

56 의정부시 의정부문화원, 『市政四十年史 義』, 770쪽.

싸움을 했다고 한다. 승패와 관계없이 서로 횃불이나 돌을 상대의 진영에 많이 던지려 했다. 석전과 비슷한 놀이로 '말뚝빼기'라는 놀이도 있었다고 한다.[57]

57 의정부시 의정부문화원, 『市政四十年史 義』, 2004, 804쪽.

한국의 근대 놀이문화

1판 1쇄 펴낸날 2015년 3월 20일
1판 2쇄 펴낸날 2016년 6월 30일

지은이 서종원

펴낸이 서채윤
펴낸곳 채륜
책만듦이 김승민
책꾸밈이 이현진

등록 2007년 6월 25일(제2009-11호)
주소 서울시 광진구 자양로 214, 2층(구의동)
대표전화 02-465-4650 | **팩스** 02-6080-0707
E-mail book@chaeryun.com
Homepage www.chaeryun.com

책값은 뒤표지에 있습니다.
ISBN 979-11-86096-08-6 93380

이 도서의 국립중앙도서관 출판예정도서목록(CIP)은 서지정보유통지원시스템 홈페이지(http://seoji.nl.go.kr)와 국가자료공동목록시스템(http://www.nl.go.kr/kolisnet)에서 이용하실 수 있습니다. (CIP제어번호 : CIP2015007029)